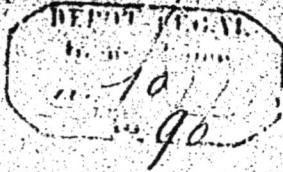

L'INTELLECT ACTIF

OU

DU RÔLE DE L'ACTIVITÉ MENTALE

DANS

LA FORMATION DES IDÉES

PAR

L'ABBÉ C. PIAT

AGRÉGÉ DE PHILOSOPHIE
MEMBRE DE LA SOCIÉTÉ DE SAINT-THOMAS D'AQUIN

PARIS
ERNEST LEROUX, ÉDITEUR
28, RUE BONAPARTE, 28

1890

L'INTELLECT ACTIF

L'INTELLECT ACTIF

OU

DU RÔLE DE L'ACTIVITÉ MENTALE

DANS

LA FORMATION DES IDÉES

THÈSE

PRÉSENTÉE A LA FACULTÉ DES LETTRES DE PARIS

PAR

L'ABBÉ C. PIAT

ANCIEN ÉLÈVE DE L'INSTITUT CATHOLIQUE, AGRÉGÉ DE PHILOSOPHIE.

—⋈—

PARIS

ERNEST LEROUX, ÉDITEUR

28, RUE BONAPARTE, 28

—

1890

A

M. Jules LACHELIER

INSPECTEUR GÉNÉRAL DE L'INSTRUCTION PUBLIQUE

HOMMAGE

TRÈS-RESPECTUEUX DE RECONNAISSANCE ET DE DÉVOUEMENT

INTRODUCTION

I

J'ai des idées, c'est-à-dire des notions qui dépassent les limites de l'expérience. Je sens, mais aussi je comprends. Quand je considère un triangle donné, il se passe à la fois dans ma conscience deux faits d'ordre différent : je me représente un triangle d'une forme déterminée, avec une certaine grandeur de ses angles et de ses côtés. Mais en même temps je conçois ce que c'est que le triangle, en dehors de toute mesure et de toutes proportions. Je me forme une notion qui convient à tous les triangles, de quelque espèce et de quelque dimension qu'ils soient. Je me fais une idée du triangle. De même, si je produis un acte de volition, ce phénomène se dédouble immédiatement sous le regard de ma conscience. D'une part, je sens l'acte réel et vivant dont je suis cause, qui a une intensité définie, des motifs et des effets également définis. De l'autre, je perçois dans cet acte une notion qui n'enveloppe plus rien de vivant, où mon individualité ne compte pas, qui n'a plus tel ou

tel degré d'énergie, qui s'élève au-dessus des conditions du temps et de l'espace et s'étend à tous les cas
du même genre. Je conçois l'idée de volition. Je puis
parcourir le monde de mes représentations, et partout
j'y trouverai deux éléments distincts, bien qu'intimement unis ; partout j'observerai dans le concret
quelque chose qui diffère essentiellement du concret,
dans l'individu quelque chose qui déborde l'individu,
dans l'image une idée.

Comment se forme cette donnée suprasensible de
la connaissance humaine? Vient-elle de la conscience? Vient-elle de l'expérience? ou bien faut-il,
pour en expliquer l'origine, faire appel au concours
de ces deux facteurs? Voilà ce que nous voudrions
éclaircir dans la mesure de nos forces. C'est un problème fondamental et ce problème, on ne l'étudia
peut-être jamais avec autant de patience et d'ardeur
qu'à notre époque. Il nous semble cependant qu'on
est encore loin d'avoir épuisé le sujet. A l'heure
actuelle, il n'existe plus guère que deux systèmes
dominants : *l'innéisme* et *l'empirisme*. Or entre la
première de ces deux hypothèses qui suppose l'idée
toute faite dans l'esprit, et la seconde qui suppose
l'idée toute faite dans la nature, il y a une troisième
explication d'après laquelle l'idée serait le résultat
de l'*activité mentale*. Examiner cette explication à la
lumière de l'expérience, non à l'aide de principes
a priori : Voilà le but que nous nous proposons.

Mais avant d'aborder la question elle-même, il est

bon d'établir un principe d'où dépend la valeur de toutes nos observations. Nos idées sont des états de conscience ; dans quelle mesure nous est-il donné d'en connaître les vrais caractères? Restons-nous dans le relatif ou bien atteignons-nous l'absolu, quand il s'agit de nos représentations mentales? Notre problème n'est possible qu'autant qu'on aura sur ce premier point une réponse affirmative. Commençons donc par là.

II

Si loin qu'on étende le domaine du scepticisme, on n'y peut tout comprendre. Il reste toujours une barrière à laquelle il faut qu'on s'arrête : ce sont les phénomènes du *Moi*. Supposons que le monde de nos représentations mentales n'ait ni prototype ni fondement dans la nature, qu'il ne nous révèle la réalité d'aucun au-delà. Supposons même que ces représentations, considérées comme simples affections de notre être, ne soient pas d'une seule pièce, mais qu'elles enveloppent à la fois dans leur contenu les formes de l'esprit qui connaît et l'état ou l'acte connu. Imaginons que notre pensée soit telle de sa nature, que nous ne puissions que nous *apparaître*. Il n'est pas moins vrai qu'il arrive un moment où tout acte de connaissance se sépare en deux termes très-distincts: d'un côté ce qui perçoit, de l'au-

tre ce qui est perçu. Qu'on multiplie autant qu'on
voudra le nombre des formes que la conscience mêle
à ce qu'elle appréhende ; il se trouve toujours un
dernier site d'où elle ne fait plus que voir son objet,
d'où elle le voit comme il est. En fin de compte, la
parole de Bossuet reprend sa justesse : « Ce ne sont
pas nos connaissances qui font leurs objets, elles les
supposent [1] ».

Je puis douter, à la rigueur, au moins pour un
instant, si cette surface blanche et plane sur laquelle
j'écris et que j'appelle du papier, existe réellement
en dehors de moi, si même elle a quelque part un
corrélatif dans la nature. Peut-être ce phénomène
s'éveille-t-il tout entier dans une région inconsciente
de mon être et d'après une loi sur laquelle ma volonté n'a pas d'action, ne différant que par là de ces
autres images que je fais naître, vivre et disparaître
à peu près à ma guise. Et dans ce cas, qui m'assure
que ma feuille de papier était objectivement au début
ce qu'elle m'apparaît? Ne m'est-il pas arrivé, en la con-
naissant, d'en altérer les propriétés absolues? Mais
de quelque source que vienne la double impression
d'étendue et de blancheur produite en moi par l'objet où je trace ces lignes, que ce phénomène résulte
ou non d'éléments divers, il reste également certain que je vois une surface blanche et plane, qu'au
moment où je la vois, elle est bien telle que je la

---

1. Conn. de Dieu et de soi-même, éd. Lefranc, IV, l. V, e.

vois, que, si je prends cet objet comme il est donné
à ma conscience, je n'y change plus rien, mais ne
fais que le saisir; et partant je puis en affirmer tous
les caractères et toutes les relations que j'y rencontre.

On peut généraliser cette remarque, l'étendre à
tous les phénomènes de la vie consciente, que ces
phénomènes se rattachent à ce qu'on appelle le
monde extérieur ou proviennent du sujet, qu'il
s'agisse de nos impressions ou de nos idées. Si l'on
ne considère plus d'où sortent et comment se forment nos représentations, qu'on les prenne telles
qu'elles nous sont données, et, pour ainsi dire, à
l'état brut, le rôle de la conscience n'est pas d'impo-
ser son mode, mais de le connaître avec tout le reste;
d'informer son objet, mais de le percevoir.

On trouvera sans doute que ce fait enveloppe une
difficulté. Comment se peut-il que mon esprit se
dédouble en pensant, que dans un seul et même acte
je devienne à la fois spectacle et spectateur? Parler
de la sorte, n'est-ce pas nier l'identité du connais-
sant et du connu, dire par là même que la pensée
est impossible? Mais qu'on rapproche autant qu'on
voudra l'esprit et les choses, il restera toujours dans
tout acte de connaissance une dualité fondamentale,
qu'aucun effort ne pourra réduire. Une pensée n'est
pas la conscience à l'état nu, n'est pas non plus une
représentation à l'état nu, mais bien l'union de
ces deux choses, et ces deux choses présentent des

caractères différents, irréductibles l'un à l'autre. D'ailleurs nous ne cherchons pas ici le *comment* de la pensée, énigme qu'il est bien difficile, sinon impossible, d'expliquer. Nous voulons seulement établir un fait primordial, indiscutable, qui serve de point de départ à nos analyses. Et ce fait, nous le trouvons dans le rapport essentiel de la conscience et de la représentation. Il se produit un moment où la conscience convertit en objet jusqu'à ses propres formes et ne fait plus que percevoir. En d'autres termes, derrière le cortège des catégories, dans quelque région reculée de notre esprit, agit une puissance mystérieuse, dont le propre est de saisir les représentations sans les changer. Ce fait constaté, abordons l'analyse de l'idée. Cherchons en les caractères généraux, et voyons quelle en peut être l'origine.

PREMIÈRE PARTIE

L'INNÉISME N'EXPLIQUE PAS L'IDÉE

CHAPITRE I

I

J'ai sur ma table un presse-papier. Je vois cet objet dans un moment et dans un lieu déterminés. Il a de plus des propriétés qui lui sont inhérentes, indissolublement liées, qui existent et ne peuvent exister qu'en lui. C'est une sorte de disque. Ce disque est une tranche d'olivier, couleur d'or, qui mesure près de six centimètres de rayon. Il porte les armes de Jérusalem à sa surface supérieure; en dessous il est brillant et poli comme du cristal. Voilà bien des conditions du même phénomène. Or ces conditions, je les puis éliminer l'une après l'autre, sans tout supprimer par le fait. Je puis par une série d'opérations mentales séparer successivement du disque que je vois le temps et la portion d'espace où je le vois, la couleur que j'y remarque, la matière dont il est formé, ce quelque chose de spécial et d'interne qui le fait être ce disque, non un autre; et ces soustractions achevées, tout n'a pas disparu par là même. Il

reste un élément fondamental, essentiel, multiple
aussi dans un certain sens : je conçois encore ce
qu'est le disque, dans le disque ce qu'est le cylindre,
dans le cylindre ce que sont le solide, le plan, le
point. Et voilà toute une hiérarchie d'idées. L'idée
n'est donc ni le concret ni une partie réelle du concret ; ce n'est pas un objet dans sa totalité, mais la
nature d'un objet isolée des conditions de l'existence,
considérée en tant qu'elle ne relève plus de tel ou
tel individu, prise pour ainsi dire à l'état d'*émanci-
pation*. L'idée est chose essentiellement abstraite.

Voilà un premier fait et qu'il est difficile de révo-
quer en doute ; car on le rencontre partout, il emplit
le champ de la conscience et s'impose toujours avec
la même clarté. Nous ne connaissons rien, ni substance ni phénomène, où ne se dégage du particulier
quelque chose, qui n'a plus rien de particulier. C'est
ce que Kant lui-même a reconnu. Aussi l'idée n'est-
elle pas, dans son système, une combinaison de l'universalité et de la nécessité avec la donnée empirique.
D'après lui, les catégories de l'entendement n'entrent
pas dans la conscience en commerce immédiat avec le
concret et l'individuel. Elles ne s'unissent pas à l'expérience brute, mais à un objet d'un ordre plus élevé,
à quelque chose, qui tout en venant de l'expérience,
s'en distingue et la déborde. Entre l'entendement d'une
part et de l'autre l'intuition sensible se place un élément spécial, une sorte d'esquisse, qui n'est plus tel
ou tel individu. C'est ce qu'il appelle un schème.

D'où vient cette donnée d'un ordre supérieur à l'expérience? Comment se fait-il que, lorsque je m'observe en allant du dedans au dehors, de ma conscience à la réalité, je rencontre un élément de la connaissance que ni ma conscience ni la réalité ne contiennent? Kant répond avec quelque embarras : « Ce schématisme de l'entendement qui « est relatif aux phénomènes et à leur simple forme « est un art caché dans les profondeurs de l'âme « humaine et dont il sera bien difficile d'arracher « à la nature et de révéler le secret [1]. » Mais le philosophe de Kœnisberg ne remarque pas sans doute que tenir un pareil langage, c'est avouer l'insuffisance de sa théorie tout entière. Car en définitive, pourquoi Kant admet-il que l'universalité et la nécessité sont des formes de la conscience rationnelle? Parce que l'expérience ne contient pas ces caractères de nos idées. Mais l'expérience ne contient pas plus l'abstrait que l'universel et le nécessaire. C'est un fait que Kant accorde lui-même. A ses yeux, la réalité est tout entière concrète, comme elle est tout individuelle et contingente. Et que Kant ait vu juste sur ce point, il est possible de le démontrer. En effet, non seulement j'aperçois l'abstrait dans le concret, mais encore je distingue le rapport intime qu'ils soutiennent entre eux. Et ce que je remarque en étudiant ce rapport, c'est que l'idée ne se

1. R. P. l. II, ch. i.

peut séparer de son *substratum* sensible, comme on
sépare dans le sang les globules et le plasma, c'est
que l'idée et son *substratum* sensible ne sont pas
même distincts l'un de l'autre à la manière de deux
concepts qui s'enveloppent mutuellement comme la
cause et l'effet ; ces deux choses ont entre elles une relation d'un caractère à part, qu'on ne rencontre ailleurs ni dans la nature ni dans la conscience. Quand
je considère un objet donné, une orange par exemple, impossible d'y découvrir les propriétés d'une part
et de l'autre le fait de l'existence, impossible d'isoler
réellement ces deux faces de la réalité. Après comme
avant mon acte intellectuel, elles ne font qu'une seule
et même chose. Tout y est propriété, tout y existe.
C'est dans mon esprit seulement que les caractères du concret s'isolent ; c'est dans mon esprit seulement que se fait la multiplicité et qu'il y a de
l'*abstrait*. Placer l'abstrait dans l'objet lui-même,
c'est tenir pour réalisé ce qui n'est plus que réalisable
c'est supposer encore existant ce qu'on a dépouillé
du fait de l'existence.

Mais si l'abstrait ne fait pas partie de la réalité,
si l'expérience ne le contient pas à l'état formel, il
faut admettre, pour rester fidèle au principe de Kant,
qu'il n'y a rien d'abstrait qui n'existe de quelque manière dans la conscience avant toute intuition sensible, et l'on revient ainsi par voie de conséquences
de l'innéisme *des formes* à l'innéisme *des idées*. Tout
est inné, moins le fait brut. Il n'est aucune notion

générale, si minime qu'on la suppose, qui ne soit
partie constitutive de l'entendement. Car toute notion générale, jusqu'à celle de la fleur la plus éphé-
mère, jusqu'à celle du son le plus fugitif, est essentiellement chose abstraite, comme chose abstraite
n'existe pas dans l'expérience, partant ne peut trouver de place que dans l'esprit, et, comme on refuse
à l'esprit le pouvoir actif de la faire, il faut qu'elle s'y
trouve toute faite. La raison sort tout armée des mains
de la nature, comme autrefois Minerve du cerveau
de Jupiter. Elle enveloppe dans son essence elle-
même tout ce qu'elle saura jamais, tout ce qu'elle
peut savoir.

II

Mais une pareille conséquence paraît surprenante.
Que toute notion abstraite se trouve déjà dans l'esprit antérieurement à tout travail de l'esprit sur les
données de l'expérience, c'est une assertion où l'on
soupçonne bien vite quelque fausse interprétation
des faits. On sent d'avance que la vraie solution
n'est pas là.

Et d'abord, on peut faire à cette hypothèse la cri-
tique qu'Aristote adressait à son maître : elle double
le nombre des idées, au lieu de les expliquer. C'est
par les idées que nous connaissons les lois de la
nature. Mais comment rempliront-elles ce rôle, si

elles ne viennent pas de la nature même, si elles ne sont pas l'essence ou contenu logique des choses. Sais-je ce qu'est A, parce que je connais B? Autant vaut dire que, pour voir le Louvre, il faut regarder le Panthéon. Entre l'idée qui vient des profondeurs de la conscience et le phénomène empirique qui vient de la réalité, il n'y a pas de point de contact, pas de lien possible. Ce sont deux ordres de connaissances parallèles, deux mondes qui restent éternellement unis et éternellement distincts. Qui connaît l'un, ignore encore l'autre.

On peut aller plus loin. On peut démontrer que l'innéité de l'abstrait ne tient pas devant l'observation. A mesure que les données de l'expérience s'effacent, l'idée va aussi s'affaiblissant et, quand elles font absolument défaut, on ne conçoit plus rien. Il ne reste sous le regard de la conscience qu'un mélange chaotique de mots, images vides et flottantes, qui ne cachent plus aucun sens, où l'on ne trouve plus qu'un vain assemblage de lettres. Je ne comprends plus ce que c'est que cause et effet, quand je n'ai sous mes yeux ou dans ma mémoire aucun exemple de causalité. De même, je ne sais plus ce que c'est que substance, phénomène, être, raison d'être, identité, loi, quand je cesse de me figurer quelque chose de réel, un fait ou un groupe de faits. Je ne conçois plus le triangle, si je ne me représente trois lignes qui se coupent ; je ne conçois plus l'homme, si je n'ai la conscience empirique de tel homme. L'idée s'évanouit, quand il n'existe plus d'image où je la retrouve, et si radicalement que je ne puis par aucun effort la faire revivre. En disparaissant de l'esprit, le concret emporte l'abstrait qu'il fonde, et la conscience reste *à blanc* ou ce qui revient au même en face d'un mot.

C'est, d'ailleurs, un fait dont on peut voir la raison, si l'on étudie le rapport que soutient l'idée soit avec l'image, soit avec la conscience. L'idée est une face du concret, vue dans le concret lui-même, inadéquate en un sens, mais identique au concret, à l'instant même où l'esprit l'isole et la saisit. J'ai sous la main un volume rouge où se trouvent quelques romans de Dickens. Si je considère la couleur de ce livre, il ne se produit pas une représentation intellectuelle à part, qui se détache de la réalité et se pose en dehors d'elle à l'état indépendant. Mon intelligence et ma vue portent sur un seul et même objet, la couleur inhérente au livre. Il n'y a qu'une différence dans l'exercice de ces deux facultés, c'est que mon intelligence choisissant sa région dans le rouge, ne le voit plus qu'en tant qu'il est telle couleur plutôt que telle autre, tandis que mon œil ne faisant que recevoir l'impression du dehors, saisit le rouge dans sa totalité concrète, avec ses contours et ses dimensions données. Et ce cas représente une loi de la conscience : quelque chose que je comprenne, il n'y a pas une notion qui subsiste dans l'intellect en dehors de la réalité, mais une ligne de démarcation tracée par l'intellect dans la réalité. Ce qu'enferme cette ligne dans son contour : *voilà l'idée, voilà l'abstrait.* Mais parler ainsi, c'est dire que l'on ne conçoit que ce que l'on sent de quelque manière. La couleur n'est rien en dehors de toute couleur, le mouvement n'est rien en dehors de tout mouvement, l'étendue n'est rien en dehors de tout objet étendu. L'astronome ne peut observer une partie du ciel que si le ciel est visible ; de même l'intellect ne peut se choisir son point de vue dans le concret que si le concret est donné. L'idée est contemporaine de l'image. Elle naît avec elle, disparaît avec elle ; il en est comme de la lumière du soleil, qui se répand dans la nature au moment où cet astre se lève et fait place aux ténèbres quand il descend au-dessous de l'horison.

Si l'on ne croit pas à cette intime solidarité de l'idée et de l'image, c'est que les mots tendent dans notre conscience à se substituer aux choses. Lorsqu'un professeur a répété longtemps la même leçon, il n'a plus pour ainsi dire qu'à tendre le ressort de son esprit pour que tout se déroule dans l'ordre accoutumé. Les mots appellent les mots, et sous cette trame de paroles, il n'y a souvent qu'une somme assez mince d'idées clairement perçues. On peut donner une autre explication de cette illusion où l'on est parfois de comprendre sans recourir à la réalité. On croit penser l'être, la qualité, la quantité, la relation, le nombre et mille autres

choses de ce genre, en dehors de tout concret donné.
Mais on n'observe pas que ces idées générales, qui
semblent étrangères à l'expérience, sont de toutes
nos idées les plus faciles à dériver de l'expérience.
L'être est partout en nous et en dehors de nous;
il n'est donc pas surprenant qu'on en rencontre
partout les caractères constitutifs.

Le rapport de l'idée et de l'image est essentiel.
Partant, l'idée ne précède pas l'image, elle ne peut
être antérieure à l'expérience. Étudions maintenant
le rapport de l'idée à la conscience et voyons ce
qu'on en peut déduire. L'idée, disons-nous, est abstraite; c'est chose qui, prise en soi, n'a plus ni
individualité, ni contours, ni dimensions; or un
mode de ce genre peut-il exister dans l'esprit antérieurement à tout travail de l'esprit? On ne le conçoit
pas. Quoiqu'en aient dit les averroïstes et après eux
les penseurs de l'Allemagne, ma conscience rationnelle est aussi véritablement concrète, aussi com-
plètement individuelle que les données mêmes de
l'expérience. L'impersonnalité de la raison est une
hypothèse dépourvue de fondement, qu'une métaphysique insouciante des faits a pu seule accréditer,
qui s'évanouit comme un rêve sous le regard de la
réflexion. De la moins noble de mes impressions je
dis : *Je sens;* au même titre et pour le même motif,
du raisonnement le plus subtil et le plus élevé je
dis : *Je pense.* Sous l'idée la plus générale aussi
bien que sous la sensation la plus grossière, il y a

2

un même *Moi*, une même conscience. Je me sens
vivre en contemplant les principes, comme en observant les faits. Mais, si ma conscience rationnelle
est au sens précis du terme une partie de moi-même
et la partie la plus intime aussi bien que la plus
noble, si ma conscience rationnelle n'enveloppe rien
que d'individuel et de concret, comment comprendre
que par elle-même, antérieurement à tout travail sur
un objet donné, elle revête des modes vides de tout
élément individuel et concret? Ne faut-il pas qu'une
impression, aussi longtemps qu'elle se présente à
l'état brut et comme en bloc, aussi longtemps qu'elle
ne subit aucune espèce d'élaboration, ne faut-il pas
qu'une impression qui n'est que reçue, suive la condition du sujet qui la reçoit, que si ce sujet est concret, elle soit aussi concrète, qu'elle ne soit pas encore une idée? C'est une question qui paraît ne pas
souffrir de doute. Car un mode de l'individu n'est
par lui-même que l'individu dans tel état, un mode
du concret n'est par lui-même que le concret dans
tel état, une impression faite sur la conscience, n'est
que la conscience impressionnée. Par conséquent, tout
pénètre en nous sous une forme déterminée, avec une
intensité donnée, s'il s'agit de quantité discrète, avec
des dimensions et des contours définis, s'il est question
de quantité continue : et tout chemine ainsi dans la
pensée, jusqu'à ce qu'une force nouvelle, sortie des profondeurs de la conscience, brise le faisceau de la réalité
pour en faire jaillir à nu les propriétés qu'elle contient.

Ainsi, soit qu'on se contente de s'observer soi-
même, soit que poussant son examen plus avant, on
cherche ce qu'est l'idée à l'égard du phénomène empirique, puis à l'égard de la conscience, on trouve
toujours que, pour la produire, il faut d'une part une
donnée expérimentale et de l'autre une sorte de puissance *inventrice* qui l'y découvre. On trouve toujours
que l'idée ne précède pas l'expérience, qu'elle n'est
pas et ne peut être innée. L'innéisme de l'abstrait,
que l'esprit à son éveil surprend en lui-même tout
fait d'avance, est un vain songe.

III

Si, pour expliquer l'abstrait, en passe de la psychologie à la métaphysique, de l'innéisme des idées à
l'intuition de Dieu lui-même, la question change de
place, mais n'avance pas. Il s'agit toujours de savoir
comment notre esprit s'élève de l'abstrait au concret,
de l'individu à ce qui dépasse l'individu.

Nous voyons Dieu. La cause première de tout ce
qu'il y a d'énergie en nous est aussi l'objet immédiat
et perpétuel de notre pensée. Mais qu'est-ce que Dieu?
Il faut bien ou qu'il soit un simple idéal de l'esprit
humain, une pure abstraction, comme l'a dit M. Va-
cherot, ou qu'il soit une réalité vivante et concrète.
Si l'on opine pour la première hypothèse, si l'on fait
de Dieu une abstraction, où est la réalité qui fonde

cette abstraction? Où est le substratum concret, en dehors duquel elle n'a plus de sens? Si Dieu au contraire est réalité, substance, individu, l'abstrait ne s'y trouve pas plus que dans le papier que je crayonne et la table qui supporte mes livres; ou, s'il s'y trouve, ce n'est qu'à l'état de puissance, à peu près comme l'étincelle dans les veines du silex. Pour l'en faire jaillir, il faut une élaboration d'une ordre spécial, dont une simple réceptivité ne peut nullement rendre compte, que le système de la vision en Dieu ne comprend pas dans ses données.

On répliquerait vainement à cette considération que Dieu porte en lui-même les archétypes de tous les êtres vivants et possibles, que ces archétypes ne dépendant encore d'aucun individu sont abstraits; car une pareille instance enveloppe des difficultés insolubles. Que sont en effet ces idées divines, d'après lesquelles tout se fait dans la nature? Des actes immanents de Dieu lui-même, des actes qui trouvent dans sa substance infinie leur terme aussi bien que leur principe et qui partant restent inaccessibles à toute conscience distincte de Dieu. Pour voir ces idées en elles-mêmes, ce ne serait pas assez d'assister au travail de la pensée divine, il faudrait penser par l'intelligence de Dieu, et nous saurions ainsi tout ce qu'il sait lui-même. Mais les bornes auxquelles se heurtent sans cesse et partout nos propres connaissances nous avertissent trop que c'est là une chimère, la plus vaine des chimères. Encore faut-il remarquer que cette hypothèse extrême, une fois admise, la question resterait tout entière à résoudre. Il s'agirait toujours, en effet, de savoir comment notre intelligence, ainsi confondue et identifiée avec l'entendement divin, passe du concret à l'abstrait. Car c'est par une certaine opération de sa conscience que Dieu dégage l'abstrait de son individualité. Il ne le trouve pas tout fait en lui-même, il l'y découvre comme un aspect de la réalité. Avant toute opération de l'entendement, en Dieu comme en nous, il ne peut y avoir que de l'individuel et du concret.

C'est donc en vain qu'on passe de l'innéité des idées, à l'intuition de Dieu lui-même, pour expliquer la présence de l'abstrait. Quelque effort qu'on fasse, on finit toujours par se heurter à la même conclusion. L'abstrait ne peut être une chose donnée antérieurement à tout concret, à tout travail de la conscience sur le concret, il éclot en nous avec'et dans l'image ; il ne se comprend que si l'on suppose d'une part que chaque être contient en dehors du fait de son existence une essence déterminée et de l'autre que l'esprit a la force de percevoir cette essence à l'état isolé, sans y comprendre les caractères individuels qui l'enveloppent, à peu près comme l'œil voit la couleur et la lumière et rien que cela dans des corps, qui ont d'ailleurs longueur, largeur, sonorité ; l'abstrait ne peut être que la raison ou nature d'un être concret, trouvée dans le concret lui-même par l'intellect. Il n'est pas encore avant l'acte qui le saisit, il n'est plus après cet acte ; car alors il n'existe pas dans le concret dont il n'est qu'une face délimitée et vue par l'esprit. Il ne survit pas d'avantage dans la conscience où tout est réel, parce que tout y est actif et vivant. Grand nombre de théologiens pensent que, pour anéantir la créature, Dieu n'a qu'a supprimer le concours de sa toute-puissance. Tel est à peu près le rapport de l'abstrait avec l'intellect ; il n'existe que sous l'influence illuminatrice de son regard.

CHAPITRE II

I

L'idée, avons-nous dit, est chose *abstraite*; elle présente un autre caractère plus surprenant peut-être et non moins essentiel. Je vois de ma fenêtre un mur blanc, au-delà duquel de grands arbres se balancent tristement au souffle d'un vent d'hiver. La blancheur de ce mur n'appartient qu'à lui, c'est un de ses modes; elle n'existe et ne peut exister qu'en lui. Mais que cette propriété devienne l'objet de mon intelligence, que je la considère à part et l'isole mentalement de son sujet, immédiatement elle revêt un aspect tout nouveau, d'un ordre absolument différent. Elle n'est plus la blancheur de ce mur, mais simplement la blancheur. Je la conçois comme réalisable dans un nombre indéfini de murs et même d'autres corps, dans tous les temps et tous les lieux. De particulière qu'elle était au début, la propriété que je considère devient *universelle*. Il en est ainsi de tout ce que je conçois. De quelque objet

que je prenne conscience, je trouve toujours dans le
particulier quelque chose qui le dépasse de l'infini,
qui peut exister dans un nombre aussi grand qu'on
le voudra d'autres individus. Toute idée est marquée
au coin de l'*universalité*. D'où provient ce caractère?

II

L'expérience n'enveloppe rien que de concret, et
partant rien que d'individuel. Dès lors ne faut-il pas
que l'universalité soit un concept inné de la raison, un
mode essentiel de la conscience, qui est de sa nature
vide de réalité, mais qui, lorsque nous connaissons,
s'applique à la réalité? Si de fait il en est ainsi, la
question semble résolue par là-même; la loi de notre
intelligence est de tout percevoir sous la forme de
l'universalité, comme c'est la loi de notre œil de
tout voir sous la forme de la couleur, bien que dans
les choses il n'y ait peut-être que du mouvement.
Nous rapportons aux données de l'expérience l'universalité qu'elle ne contient pas, parce qu'en les
saisissant, l'intelligence la leur communique. Le
mode de l'entendement s'unit au phénomène empirique, se répand sur sa surface et dans toutes ses
parties, et pénètre aussi loin que la conscience elle-
même dont il est la forme inséparable. Ainsi se
produit entre la donnée du dedans et la donnée du
dehors une sorte d'*identification* qui nous jette dans

l'erreur et nous fait attribuer aux objets ce qui ne vient que de nous. Mais cette hypothèse, si ingénieuse qu'elle soit, rend-elle compte du fait qu'il s'agit d'interpréter? Explique-t-elle l'universel? Voilà ce qu'il faut rechercher avec soin et non plus à l'aide de principes métaphysiques, mais par l'observation intérieure, car le problème de la connaissance rationnelle est, avant tout, *psychologique*.

L'expérience, dit-on, n'enveloppe rien que de concret et de particulier; il faut donc que l'universel ait son origine dans l'entendement, soit partie constitutive de la conscience; mais où a-t-on vu qu'il est plus facile de situer l'universel dans la conscience que dans les choses? La conscience, comme nous l'avons remarqué à propos de l'abstrait, n'est-elle pas concrète, n'est-elle pas particulière au même titre et dans le même sens que les choses et ne faut-il pas par-là même qu'elle ne contienne aussi que du concret et du particulier? On suppose au fond même de l'esprit un principe caché d'une nature tout autre que ce qu'on connaît, et dont chacun jouit sans le savoir avec tous les autres individus. Mais qu'importe ici cette réalité profonde et lointaine; Qu'elle existe ou non, il reste toujours vrai qu'il s'agit de ce que je perçois et que ma conscience rationnelle, telle que je la perçois, considérée dans sa totalité vivante, n'a rien que d'individuel. Il reste toujours vrai, par conséquent, qu'on n'a pas plus de raison d'y mettre l'universel que dans l'expérience, que transporter l'universel du dehors au dedans, c'est changer la place de la question, non la résoudre.

Mais ce n'est là qu'une preuve *ad hominem*. Abordons le problème. On peut remarquer d'abord que l'universalité ne se combine pas dans la conscience avec l'image ou phénomène empirique. Elle ne s'unit pas à l'expérience brute. Entre la conscience rationnelle d'une part et de l'autre le concret donné, il y a la notion générale du concret, l'idée, l'abstrait. C'est dans ce dernier élément que je vois l'universalité, c'est à ce dernier élément qu'elle se rattache. Soit une figure géométrique, par exemple, un carré d'un mètre de côté ; si j'observe ce qui se passe en moi-même au moment où je le considère, j'y remarque d'abord un acte de ma conscience par lequel je perçois le carré donné, puis la représentation même de ce carré, mais de plus et entre ces deux termes, l'idée, la notion abstraite du carré. C'est de ce point que jaillit l'universalité, c'est de là qu'elle dérive ; elle est une propriété et comme une face de l'abstrait ; elle est chose abstraite. Dès lors, nous devons en dire tout ce que nous avons déjà dit de l'abstrait lui-même. L'universalité ne se trouve toute faite ni dans la pensée, ni dans les choses ; elle ne précède point l'expérience ; elle n'est pas et ne peut être innée. Il faut, pour en expliquer l'apparition, une réalité donnée, la conscience, mais aussi quelque chose de plus, un principe d'un ordre spé-

cial, essentiellement actif, capable de discerner et
de considérer à part les différents aspects de la réalité. Aussi longtemps qu'on n'a pas recours à ce
troisième terme, on ne fait que piétiner sur place.

Poursuivons notre analyse. Étudions encore le lien
qui dans la conscience rattache l'idée à l'universalité. Quand je conçois ce qu'est le cercle, l'universalité qui s'y rattache n'est plus un mode, mais un objet
de ma conscience. Je l'appréhende au même titre que
la nature du cercle, et partant je puis observer comment elle se rapporte à l'idée dont elle dépend. Or, si
je dirige mon attention dans ce sens, ce que je remarque d'abord, c'est que l'universalité n'est point
une forme inhérente à ma conscience et par laquelle
je suis contraint de regarder, comme un homme qui
souffre de la jaunisse est condamné par sa maladie à
tout voir en jaune. Il ne tient qu'à moi de laisser là
l'universalité, de fermer sur ce point les yeux de mon
esprit, pour ne plus considérer que la nature même
du cercle, pour examiner le cercle en tant qu'il diffère
du triangle ou de telle autre figure. L'idée du cercle
et son caractère général ne sont point deux objets
que je perçois l'un sous l'autre, ce sont deux objets
que je saisis sur le même plan et l'un à côté de l'autre.
Voilà un premier fait et qui démontre clairement
que l'universalité ne joue pas pour l'entendement un
rôle analogue à celui d'un verre coloré.

Si l'on donne un autre sens aux formes innées, si
l'on admet que de l'union de la conscience rationnelle

et de l'image jaillit un seul et même objet où l'universalité se présente sur une même ligne que l'idée elle-
même, on ne réussit pas mieux à supprimer la vrai
difficulté ; car alors on va se heurter contre un autre
fait. Non seulement je perçois ce que j'appellerais le
site respectif de l'idée et de l'universalité, mais encore
je saisis la nature intime de leur rapport ; or ce rapport
est essentiel et ne s'explique pas par une forme qui
vient de je ne sais quelle région de la conscience
s'ajuster à la donnée empirique. Mais ce point est
d'une importance capitale. Il touche, si nous ne nous
abusons, au nœud du problème. Essayons de le mettre en lumière.

Il n'en est pas des idées comme de ces images sensibles qui se déroulent sous le regard de ma conscience dans un ordre dont je ne puis savoir le pourquoi. Si mes idées ne sont pas toujours présentes à
mon esprit, du moins, quand elle m'apparaissent,
j'en perçois la liaison. Non seulement je les vois en
elles-mêmes, mais encore je connais ce qui les rattache l'une à l'autre et dans chacune d'elles ce qui fait
de ses propriétés un indestructible faisceau. Je saisis
en particulier qu'entre une idée donnée et l'universalité il existe un rapport qui a toujours été et qui sera
toujours, qui ne peut pas ne pas être, un rapport
d'une absolue nécessité. je puis ne pas conce voir la
conférence ; mais si je viens à la concevoir, je ne
puis pas plus en exclure l'universalité que l'égalité de
tous ses rayons ; et il en est ainsi de toutes mes idées,

depuis celle du phénomène le plus fugitif jusqu'à
celle de la substance éternelle qui produit l'univers.
Imaginez un éclair à peine sensible dans une nuit
profonde. Il faudra que cet éclair implique une
essence qui le fait être ce qu'il est, que cette essence
enveloppe à son tour une certaine aptitude à se réaliser de rechef, qu'elle soit possible. Et, si une fois
on la suppose possible, il faudra qu'elle le soit éternellement, qu'elle ne puisse cesser de l'être. L'universalité tient à l'essence de l'idée. Ou l'on y voit
ce caractère ou ce n'est pas elle. Que l'on croie
tant que l'on voudra aux apparences; c'est là un fait
dont on ne peut affaiblir la lumière; je le perçois et
de ce site de la conscience d'ou je vois sans rien mettre de moi-même dans ce que je vois, à cette étape de
la pensée où la forme elle-même s'est convertie en
objet. J'en ai l'intuition rationnelle, je ne le puis pas
plus nier qu'on ne nie la lumière quand on regarde
le soleil en plein midi. Partant, il est bien tel que je
le saisis. Il est véritable en soi, pour toutes les intel-
ligences, dans tous les temps, en tous les lieux, que
l'idée est universelle, qu'elle ne peut pas ne pas l'ê-
tre. Si la philosophie a parfois soulevé des doutes sur
ce point fondamental, c'est que la méthode a fait défaut, c'est qu'on a rêvé au lieu d'observer, qu'on a
voulu plier aux exigences des systèmes les données
les plus claires de l'expérience.

Mais qu'arrive-t-il, si l'on admet que l'universalité
est une forme innée de la conscience? L'absolue né-

cessité du rapport que soutient l'idée avec ce caractère, change de nature et ne s'explique plus. Qu'est-
ce en effet que cette nécessité que l'esprit tient pour
ainsi dire toute prête d'avance pour l'appliquer à
l'expérience et la réduire à l'unité ? Du moment qu'on
ne met dans la conscience aucun pouvoir d'élaborer
le réel, du moment que l'entendement n'est qu'une
puissance d'informer la donnée empirique, il faut
bien, quelque notion qu'on s'en fasse, que n'étant que
le mode à l'état brut d'un être vivant, cette nécessité n'ait rien par elle-même que de concret, de physique, d'individuel. Mais si le lien qui groupe l'idée
et l'universalité n'est que du concret, si ce n'est
qu'une sorte d'énergie mentale, qu'on le fasse aussi
résistant qu'on le voudra, plus indivisible que le dia-
mant lui-même, qu'on le place aussi avant qu'il plaira
dans les mystérieuses profondeurs de la conscience,
afin de ne plus avoir à s'expliquer clairement sur sa
nature ; il restera toujours possible de concevoir une
force capable de le rompre, il ne sera pas d'une absolue nécessité ; il constituera une relation de fait, rien
de plus.

Si, après avoir étudié la nature du lien qui rattache
l'idée à l'universalité, on vient à considérer comment
ce lien s'applique à ses deux termes, l'hypothèse
innéiste n'est pas plus heureuse. Elle n'explique pas
avec plus de bonheur l'absolue nécessité dont nous
avons déjà constaté la présence. Pour mettre en lumière ce vice fondamental, procédons avec ordre.

Etablissons d'abord un fait, c'est que de quelque manière qu'une forme *a priori* puisse unir dans la conscience l'idée à l'universalité, elle ne constituera jamais qu'une soudure empirique, une sorte de liaison fortuite. Je me promène dans une longue et fraiche allée et je remarque à mes côtés un majestueux platane au tronc séculaire, aux branches noueuses et chargées d'un épais feuillage. Maintenant que je vois cet arbre et que j'en ai l'idée, je perçois dans cette idée quelque chose d'universel et de nécesaire. Puisque ce platane existe, il peut exister encore : il est réalisable à l'infini, il ne peut pas ne pas l'être. Comment s'accomplit ce phénomène d'après l'innéisme Kantien ? tout d'abord, l'universalité ne jaillit pas du sein même de la notion abstraite ; c'est un concept d'une origine différente, qui vient s'y ajouter du dehors et ne peut par lui-même former avec elle qu'une liaison de fait. Il y a eu un temps où je ne voyais pas le platane en question, où n'existait pas par conséquent l'union que je constate entre sa notion abstraite et l'universalité. Il y a eu un temps où ces deux éléments d'origine distincte étaient séparés l'un de l'autre, étrangers l'un à l'autre, bien que faits pour se fondre dans un même acte de conscience. L'un résidait dans l'esprit et probablement à l'état de simple puissance ; l'autre, la notion abstraite, ne portait pas même encore le nom de phénomène. Et cette union toute d'aventure ne doit pas durer toujours. Bientôt, je vais regagner ma maison ; je ne penserai plus à

mon beau platane et dès lors la notion que j'en ai et
l'universalité se sépareront de nouveau, l'une disparaî-
tra dans le fond de l'esprit, l'autre dans l'ample sein
de l'insondable nature. Evidemment, il n'y a rien
dans un tel rapport que d'accidentel et de momen-
tané : c'est la rencontre au soleil de la conscience de
deux éléments venus de points divers.

Faudrait-il donc faire appel au concept de la nécessité et supposer que c'est en vertu de ce concept
que se forme dans la conscience l'union de l'idée à
l'universalité ? Mais cette solution n'est pas plus
heureuse que la précédente, et pour le même motif.
Dans cette hypothèse en effet, la nécessité, aussi bien
que l'universalité, vient d'une autre source que l'idée
à laquelle elle se rattache. Avant mon acte intellectuel, elle en était séparée ; après mon acte intellectuel, elle le sera de rechef. Elle ne soutient pas
plus de rapport absolu avec la notion du platane dont
j'ai l'intuition sensible que l'idée de la circonférence
et celle du carré n'en soutiennent dans ma conscience,
par le fait même que je pense ces deux choses en
même temps et l'une à côté de l'autre. Ainsi, le
concept inné de la nécessité n'est d'aucun secours
pour expliquer la liaison absolue que la conscience
perçoit entre l'idée et l'universalité; si cette liaison
n'est qu'accidentelle et momentanée avant l'intervention de la nécessité, il faut qu'elle le soit encore
après. Sur ce point on ne peut élever aucun doute.

Un autre point non moins incontestable, c'est que,

si l'intervention d'une forme *a priori* entre l'idée et l'universalité n'aboutit qu'à une liaison de fait, il est impossible que la conscience y saisisse un rapport nécessaire, un enveloppement logique; une illusion si fondamentale, qui résiderait à la base même de l'édifice de la connaissance, révolte le bon sens; on prévoit avant tout examen qu'elle ne doit être qu'un triste rêve. Si elle existe, c'est le mauvais génie qui triomphe. Tout est mensonge dans la conscience. Nous sommes faits pour la vérité et condamnés pour toujours et nécessairement à l'erreur. L'anomalie la plus profonde, l'antinomie la plus radicale subsiste dans la partie la plus noble de l'homme, qu'on appelle à juste titre le roi de la nature, tandis que partout autour de nous, jusques chez le ver qui rampe dans la fange, la science va toujours constatant l'adaptation au moins relative de l'instinct à son but, de l'organe à sa fonction. C'est là une conséquence monstrueuse, qui ne peut nullement trouver place dans les lois de l'esprit. Si l'harmonie existe quelque part, c'est dans l'intelligence qui fait partout l'harmonie. De plus, si l'on envisage la question en elle même, il suffit de la bien poser pour la résoudre. Il ne s'agit pas ici de savoir si l'idée est un symbole de la réalité, si même elle a quelque part un corrélatif dans la réalité. Nous examinons seulement ce qu'implique l'idée comme représentation mentale, comme donnée logique, en tant que résultat perçu. Et dans l'idée ainsi considérée, nous ne nous occupons pas des propriétés spéciales qu'elle peut avoir en tant qu'elle représente telle chose, un triangle ou un cercle, par exemple, mais seulement de son rapport avec l'universalité. Nous parlons de ce qu'il y a de plus général et partant de plus simple dans nos concepts, de ce qui reste toujours présent à la conscience dans tout ce que nous connaissons. Enfin, puisque nous supposons que les formes *a priori* sont en fonction, déjà fondues avec la donnée empirique, nous regardons de ce site de la pensée, où l'esprit ne mêle plus rien de lui-même à ce qu'il connaît, où son rôle se borne à saisir l'objet donné. Or, que dans de telles conditions je puisse voir perpétuellement un rapport absolu où il n'y a de fait qu'une liaison empirique, un enveloppement essentiel où il n'y a de fait que la contiguïté de deux représentations, la nécessité où il n'y a de fait que la contingence, que je puisse dans toutes mes opérations intellectuelles confondre deux choses si clairement et si essentiellement distinctes, c'est une supposition qui ne présente aucun sens, qui ne se conçoit pas. Affirmer que nous sommes victimes d'une semblable illusion, c'est dire que la nature nous a faits de manière à voir blanc ce qui est noir et rond ce qui est carré, c'est soutenir, pour sauver un système, que la contradiction est le fond de l'entendement humain.

Ainsi, de quelque manière qu'on prenne la question, l'innéité d'une forme toute faite d'avance ou du moins passant avec la conscience de la puissance à l'acte, n'explique pas l'universel. L'universel relève de l'idée; ce n'est qu'une face de l'abstrait. Si l'on en fait une forme innée, il faut qu'étant mode à l'état brut d'un sujet concret, il soit aussi concret. L'universel se place en face de la conscience sur la même ligne que l'idée; si l'on en fait une forme innée, il faut qu'il s'interpose entre la conscience et l'idée. L'universel jaillit du sein même de l'idée; il est impliqué dans son concept et l'on imagine aucune hypothèse, aucun temps, aucun lieu où il puisse s'en séparer. Si l'on en fait une forme innée, il n'a plus avec l'idée qu'un rapport empirique. L'innéisme n'explique ni le caractère abstrait de l'universel, ni sa place dans la conscience, ni sa liaison essentielle et nécessaire avec l'idée. C'est qu'en effet ce système n'est qu'une sorte de mécanisme mental, et il faut pour passer du concret à l'abstrait, du particulier au général, faire intervenir un autre genre de spontanéité que celle dont le rôle se borne à l'application de formes inertes. Il faut qu'il y ait quelque part dans la conscience une activité plus véritable et d'un autre ordre, capable d'élaborer la donnée empirique, de mettre à nu la nature qu'elle contient et les rapports nécessaires qu'enveloppe cette nature : il faut, pour former l'universel, qu'il existe un intellect actif.

III

On aboutit à la même conclusion, si l'on se rabat sur la vision en Dieu. Ce système, de quelque façon qu'on l'entende, est sujet à la plupart des critiques que nous avons déjà faites. Nous voyons l'universel en Dieu ; mais de quelle manière ? Est-ce en tant que nous avons l'intuition des idées divines elles-mêmes ? Mais les idées divines sont de l'abstrait ; or, nous croyons l'avoir établi, en Dieu comme chez les autres êtres, l'abstrait n'est quelque chose que pour celui qui l'y pense. Il n'existe que si on le dégage de sa réalité concrète. Pour l'y voir, il faut l'y faire ; et celui-là seul le voit qui l'y fait. Dieu lui-même ne peut le connaître dans sa propre substance qu'à cette condition.

Dira-t-on que Dieu, étant cause unique de toutes choses, est par là même *universel,* que demeurant toujours essentiellement uni à ce qu'il crée et se trouvant plus présent en nous que nous-mêmes, il mêle nécessairement quelque chose de son être à chacune de nos représentations et leur communique ainsi l'universalité qu'elles n'ont pas d'elles-mêmes. Fera-t-on de Dieu la forme de la pensée humaine ? Mais alors on retombe dans la difficulté fondamentale que présente l'innéisme kantien. Dans cette hypothèse, en effet, comme dans le système des Kant, l'universel est un mode essentiel de la conscience ; il vient d'une autre source que l'idée elle-même, il s'y ajoute au lieu d'en sortir ; il n'est pour nos représentations qu'un élément d'emprunt. Toute la différence entre les deux théories, c'est que dans l'une on se contente d'affirmer qu'il y a des formes, tandis que dans l'autre on remonte de la conscience à ce qu'on croit être leur cause métaphysique. Dès lors on peut objecter à la vision en Dieu, comme à l'innéisme de Kant, qu'elle n'explique pas l'absolue nécessité du rapport que l'universel soutient avec l'idée, qu'elle suppose simple compénétration où il y a de fait dérivation logique, union où il y a de fait identité.

De plus, cette forme divine de la conscience, cet élément rapporté de nos représentations n'a pas d'analogie avec l'universalité de l'idée. L'universalité de l'idée consiste en ce que la nature d'un objet donné, considérée en soi, se puisse réaliser dans une série indéfinie d'individus ; elle exclut donc le fait de l'existence. Si elle existait, elle ne serait plus apte à se réaliser ; elle ne serait plus l'universalité. Il en va tout autrement de ce rayon divin qui se mêlerait à tous nos actes intellectuels et ne serait autre chose que Dieu lui-même. Qu'est-ce en effet que Dieu pour les philosophes dont nous parlons ? Il faut bien qu'il soit quelque chose de plus qu'un mode de la conscience, il existe, c'est un individu. Son universalité ne consiste pas, par conséquent, comme celle de l'idée, dans une éternelle aptitude à se réaliser autant de fois qu'on le

voudra, mais dans une éternelle possession de l'être ;
c'est l'effusion toujours et partout réelle à travers la
nature entière d'une seule et même énergie, essentiellement concrète, essentiellement agissante, essentiellement individuelle. Si de fait cette énergie est
présente de quelque manière à notre entendement,
on peut y voir l'universel aussi bien qu'ailleurs,
mais à condition de l'y découvrir, de l'y produire
en l'isolant. Quand on a mis l'universel en Dieu, il
est encore à faire. L'innéisme métaphysique n'est pas
plus heureux que l'innéisme psychologique.

Nous avons dû, pour arriver à cette conclusion,
passer par toute une série de considérations, qu'on
jugera peut-être un peu trop subtiles et trop abstraites.
Mais comment éviter la subtilité, quand on touche au
problème de la connaissance, qui a fait le tourment
des penseurs modernes, et sur lequel se sont accumulés
tant de travaux à la fois patients et profonds ? Comment échapper aux abstractions, quand il s'agit de
l'abstrait lui-même, quand on est contraint de s'établir
au sommet de l'entendement humain où l'imagination n'a plus droit d'hospitalité, où la réalité pénètre à
l'état de dissection, où l'on ne trouve plus de vie que
dans l'acte conscient? En lisant certaines pages de la
métaphysique d'Aristote, on est tenté parfois de s'in-
digner qu'un si grand esprit s'amuse à nous faire
observer des pointes d'aiguille. Mais on comprend
bien vite le sens de ces efforts puérils en apparence,
si l'on remarque le caractère de la société qu'il avait

à convaincre, si l'on considère le degré de pénétration auquel un Zénon s'était élevé avant lui. Il fal-
lait toutes ces fouilles lentes et scrupuleuses à travers
la pensée et les choses, pour découvrir et fonder cette
théorie vaste et profonde, dont l'humanité vit depuis
deux mille ans. C'est une entreprise d'une difficulté
analogue, qu'on se voit obligé de tenter aujourd'hui,
quand il s'agit de la formation de nos idées. On ne peut
plus parler de cette question, comme on le faisait au
moyen âge; car on connaît mieux le ciel de l'âme
qu'on ne le connaissait alors. Voilà trois siècles qu'on
rassemble sur le rapport du sujet et de l'objet des études de plus en plus pénétrantes. On a le devoir ou de
ne pas toucher à la matière ou de porter plus avant
le tranchant de l'analyse.

CHAPITRE III

I

Nous avons vu que l'idée est abstraite et universelle. Elle implique aussi la nécessité. Soit le triangle, par exemple. Il a toujours été supposable, il le sera toujours. Si tout ce qui existe venait à rentrer dans le néant, le triangle serait encore supposable; il ne peut un seul instant cesser de l'être. Et cette nécessité radicale, absolue en un sens, ne se rencontre pas seulement dans nos concepts qui enveloppent l'étendue. Un son, une volition, une pensée sont nécessaires au même titre et de la même manière que la ligne ou le plan. Du moment que ces phénomènes se sont une fois réalisés, ils sont éternellement réalisables; il se trouve dans chacune de nos idées un élément primordial, une sorte de résidu logique, que le creuset de la plus puissante analyse ne peut par aucun moyen réduire à la contingence. De même qu'il y a pour la cause première impossibilité de ne pas être, il y a pour nos idées impossibilité de ne pouvoir plus être. La nécessité est au fond de l'esprit comme au fond de la nature.

Outre leur nécessité *intrinsèque,* nos idées ont une nécessité de *rapport.* Je ne puis comprendre ce qui commence sans supposer une énergie qui le fasse commencer. Un phénomène quelconque de la conscience ou du monde extérieur n'est expliqué pour moi, ne devient intelligible, qu'autant que je lui trouve une cause ; et si je n'en puis trouver, je ne laisse pas de conclure d'avance qu'il doit en avoir une. Le concept de la pyramide enveloppe des plans, des lignes, des angles, des points et tout un groupe de propriétés, où je remarque une éternelle et immuable connexion. Quand une fois j'ai compris ce qu'est le cercle, je ne saisis plus que la série des corollaires qui découlent de sa notion, puisse jamais varier. Je vois entre nombre de mes idées une liaison qui ne dépend ni des temps, ni des lieux, qui n'a pas commencé et ne finira pas. Dans le rapport de mes représentations, aussi bien que dans mes représentations elles-mêmes, je découvre à côté de ce qui est ce qui ne peut pas ne pas être.

Qu'est-ce que cette nécessité qui fait le fond de chacune de nos idées? Qu'est-ce que cette nécessité qui lie nos idées entre elles? Faut-il y voir une catégorie de l'entendement, vide par elle-même de toute réalité, mais qui se mêlant à la réalité, la change de ce qui est en ce qui doit être? Ou bien faut-il en chercher le fondement dans Dieu lui-même « seul

« éternellement subsistant, éternellement la vérité
« même? »

II

Parlons d'abord de ce que nous appelons nécessité *intrinsèque*. Un peu plus haut, nous avons établi les trois points suivants : 1° entre l'idée et l'universalité nous percevons un rapport absolu ; 2° si nous percevons ce rapport, c'est qu'il existe. Il ne se peut pas que, lorsqu'il s'agit de simples représentations et qu'il n'y a plus dans la conscience que l'acte qui perçoit d'une part et de l'autre l'objet perçu, il ne se peut pas qu'à ce moment de la pensée où l'esprit ne mêle plus rien de lui-même à ce qu'il connaît, nous voyions perpétuellement et dans toutes nos opérations intellectuelles une connexion nécessaire où il n'y a de fait que contiguïté, une identité où il n'y a de fait que mélange ; 3° ce rapport absolu que nous remarquons entre l'idée et l'universalité ne subsiste plus, si l'universalité ne jaillit pas de l'essence même de l'idée, si elle ne fait que s'y ajouter en vertu d'un lien imposé par la conscience ; car alors tout se ramène à une simple fusion d'éléments hétérogènes, à une sorte de soudure empirique. Mais formuler un tel raisonnement, c'est démontrer du même coup que l'innéisme n'explique pas la nécessité intrinsèque de l'idée. A quoi se réduit-elle, en effet?

A ce que toute idée soit nécessairement supposable, c'est-à-dire nécessairement réalisable, nécessairement universelle, à ce qu'il y ait entre l'idée et l'universalité, non plus un rapport de fait, mais un rapport absolu.

Est-on plus heureux, si l'on essaie de fonder en Dieu lui-même la nécessité intrinsèque de l'idée? De grands maîtres ont cru que le problème n'a pas d'autre solution; c'est la pensée que Leibnitz a formulée dans un passage remarquable de ses essais sur l'entendement humain : « Où seraient ces idées, dit-il, « si aucun esprit n'existait et que deviendrait alors le « fondement réel de cette certitude des vérités éter-» nelles? Cela nous mène enfin au dernier fondement « des vérités, savoir, à cet esprit suprême et universel, « qui ne peut manquer d'exister, dont l'entendement, « à dire vrai, est la région des vérités éternelles, comme « saint Augustin l'a reconnu et l'exprime d'une ma-« nière assez vive. Et afin qu'on ne pense pas qu'il « n'est pas nécessaire d'y recourir, il faut considé-« rer que ces vérités nécessaires contiennent la « raison déterminante et le principe régulatif des « existences mêmes et en un mot des lois de l'uni-« vers. Ainsi ces vérités nécessaires étant antérieures « aux existences des êtres contingents, il faut bien « qu'elles soient fondées dans l'existence d'une subs-« tance nécessaire. C'est là où je trouve l'original des « idées et des vérités qui sont gravées dans nos âmes, « non pas en forme de propositions, mais comme des

« sources dont l'application et les occasions feraient
« naître des énonciations actuelles [1]. » Et cependant,
si l'on y regarde de plus près, si l'on s'observe soi-
même avant d'en appeler à la métaphysique, il devient difficile de partager ce sentiment.

D'où vient la nécessité de l'idée? Est-ce de l'idée
elle-même ou d'une autre source? Voilà ce qu'il faut
d'abord examiner. Or ce point ne paraît pas dou-
teux. La nécessité est comprise dans l'idée, comme
la partie dans son tout, elle n'est autre chose que la
manière dont l'universalité se rapporte à l'idée.
L'idée est universelle de sa nature, par le fait même
qu'elle est pensée ; elle l'est donc toujours. Elle ne
peut pas ne pas l'être ; et encore une fois, voilà son
genre de nécessité. Ce caractère ne lui vient pas du
dehors. Elle ne l'a pas d'emprunt ; elle l'enveloppe
dans sa propre essence.

Dès lors, comment Dieu pourrait-il servir de fondement à l'idée? Comment serait-il lui-même un caractère qu'elle porte en soi, qu'elle enferme dans son
contenu? Dieu ne peut être ni une idée, ni le caractère
d'une idée. C'est la cause éternelle et toujours agissante, essentiellement concrète, qui produit le monde.
Son existence est au delà de l'idée comme la nôtre est
en deçà : elle est, bien qu'immuable, aussi distincte de
l'idée que notre individualité changeante ; Elle ne lui
communique pas plus sa nécessité que nous notre

---

1. Nouv. essais. L. IV, c. XI.

contingence. Tout cela nous semble d'autant plus vrai, que la nécessité de l'existence de Dieu, étant d'ordre concret, ne présente aucune ressemblance avec la nécessité tout abstraite et toute logique de l'idée. Dieu est un acte éternel; l'idée n'est qu'une simple aptitude à *s'actualiser*. Chercher dans l'être infini le fondement de l'idée, c'est commettre l'erreur des chinois, qui, ne s'expliquant pas comment la terre peut rester en équilibre dans l'espace, la supposaient appuyée sur le dos de quatre éléphants que portait à son tour une immense tortue.

Sur ce point important, Platon suivait plus rigoureusement les lois de la logique que la plupart des philosophes du xviie siècle : il reconnaissait aux idées un caractère absolu de nécessité et leur accordait en conséquence une existence séparée; de fait, il faut aller jusques-là, si la nécessité des idées n'est point hypothétique par quelque endroit; dans ce cas elles se suffisent, et c'est le platonisme qui a raison.

III

De la nécessité *intrinsèque* passons à la nécessité de *rapport*. Nous remarquons entre certaines idées une liaison qui ne peut pas ne pas être. Comment se forme cette liaison? Est-elle dans l'essence même des choses? Ou bien la nécessité est-elle, comme l'a dit Kant, un concept *a priori*, qui vient du fond de la conscience s'ajuster aux données empiriques et faire ainsi de ce qui n'est qu'un rapport empirique un rapport absolu? Y a-t-il dans l'intellect au-dessous de la faculté de *voir* un pouvoir *de lier?* La question est de la plus haute importance. Si l'homme ne vit pas enfermé dans le présent, comme le reste des animaux, si du regard de sa pensée il embrasse à la fois le passé et l'avenir et conquiert par là même sur la nature une sorte d'empire toujours croissant, si son esprit peut d'une certaine manière percer le voile des phénomènes et deviner dans l'au-delà celui qui meut tout avec ordre et harmonie, c'est qu'il est à même de découvrir dans les faits les lois des faits, c'est qu'il est capable de formuler des jugements marqués au double coin de l'universalité et de la nécessité. Or ces jugements eux-mêmes se fondent uniquement sur le rapport qui en unit les termes abstraits, *sur la liaison des idées.* Là est la base de toute science. Donnons donc au sujet la plus grande attention.

Il est facile d'observer des cas où la liaison des idées tient à la nature même des choses, se ramène à l'évidence, présente en d'autres termes un caractère analytique. Quand j'affirme de l'homme que c'est un être raisonnable, je vois clairement pourquoi j'énonce un tel jugement. Je ne fais que tirer d'un concept ce que j'y ai mis par définition, ce qui s'y trouve par hypothèse. Si l'on lie vingt globules dans un sac, il faut bien que, lorsqu'on rouvre le sac pour la première fois, on y trouve encore vingt globules.

Mais il n'y a là qu'une pure tautologie. De tels jugements n'apprennent rien. Il en est d'autres, et ce sont les seuls importants, où l'on va d'une idée donnée à une idée d'abord inaperçue, qui partant sont de véritables conquêtes sur l'inconnu, qui élargissent le champ de la connaissance humaine. Comment s'effectue ce passage de ce qu'on sait déjà à ce qu'on ne sait pas encore? En quoi consiste ce lien logique en vertu duquel deux idées se tiennent sans se confondre, qui nous conduit nécessairement de l'une à l'autre, mais sans nous révéler la seconde par le fait même que nous connaissons la première? Si A enveloppe B, ne faut-il pas que j'embrasse ces deux termes dans une même intuition, que je les connaisse du même coup? Et si A n'enveloppe pas B, comment vais-je de l'un à l'autre? Ne faut-il pas que le lien qui les rattache entre eux, leur soit extérieur? Mais si le lien, qui groupe nos idées est extérieur à nos idées, d'où viendra-t-il sinon de la conscience qui les connaît?

Toutefois, cette théorie explique-t-elle la nécessité que nous avons posée en fait? A-t-on démontré qu'une forme *a priori* puisse établir un rapport nécessaire entre deux phénomènes qui n'ont par eux-mêmes qu'un rapport empirique? Bien plus, est-ce là chose démontrable?

Nos concepts *mathématiques,* a-t-on dit, n'ont pas par eux-mêmes de liaison nécessaire; cette liaison leur vient uniquement de l'espace où nous les construisons. La solution paraît simple; mais l'a-t-on prouvée?

Tout d'abord, de quel espace veut-on parler? On a toujours distingué le concept de l'espace et l'espace lui-même, l'espace possible et l'espace réel. Mais évidemment, ce n'est pas de l'espace possible que nous parlent les innéistes. Ils ont en vue cette étoffe immense qui explique les situations des corps; ils ont en vue l'espace réel. C'est donc cet espace qui doit être nécessaire. L'est-il de fait?

Je n'éprouve pour ma part aucune difficulté sérieuse à supposer au moins par un effort de mon entendement qu'il n'y a plus d'espace, que tous les corps ont disparu et que le vide absolu leur a succédé. Il se peut que l'espace ne soit qu'un ensemble d'actions *ad extra,* et dans ce cas, il s'anéantit avec les corps qui en sont le principe. Mais supposons que l'espace réel soit distinct des corps qui s'y situent, rien ne me dit qu'il soit nécessaire; je ne vois toujours de nécessaire dans l'espace que sa possibilité. En définitive, si l'on a parlé si longtemps de la nécessité de l'espace, c'est qu'on a confondu l'idéal et le réel. Je puis toujours concevoir une étendue au delà d'une étendue donnée. L'espace est réalisable à l'indéfini; il l'est nécessairement. Voilà ce qui paraît incontestable; mais il en est ainsi du phénomène le plus fugitif. Une pensée qui nous traverse l'esprit, un désir que nous rejetons dès qu'il nous est venu, sont toujours et nécessairement réalisables, par le fait même qu'ils se sont une fois produits, et l'on n'en conclut pas qu'ils existent et nécessairement. On ne peut inférer plus justement de la nécessité de l'espace possible la nécessité de l'espace réel.

Ajoutons que, lorsque nous pensons à l'espace, nous sommes assez naturellement victimes d'une autre illusion. Au delà des mondes existants nous concevons la possibilité de placer d'autres mondes. Cette possibilité est indéfinie; elle ne peut disparaître un seul instant; elle est nécessaire et semble exiger l'existence d'un espace également nécessaire, où se situent les Mondes que nous imaginons. Mais qu'on y regarde de près, la possibilité de créer des corps à l'indéfini n'est autre chose que la possibilité pour ces mêmes corps de prendre des positions respectives, c'est-à-dire l'absence de tout obstacle, le vide absolu. Si nous y voyons quelque chose de plus, c'est que, ne pouvant concevoir le néant, nous y projetons notre être et l'emplissons pour ainsi dire de l'étoffe de notre propre imagination.

Mais qu'on admette, si l'on veut, que l'espace réel soit nécessaire. Aura-t-on par là même expliqué nos concepts *mathématiques?* Nullement. La nécessité de l'espace est tout à la fois distincte et différente de la nécessité des concepts *mathématiques.* La première est inhérente à l'existence d'une réalité; la seconde aux modes de cette même réalité. La première est un fait absolu; la seconde consiste dans un rapport. L'une est d'ordre concret, l'autre d'ordre logique et abstrait. Entre la nécessité de l'espace réel et celle des concepts *mathématiques* il n'y a de commun que le nom.

4

En serait-il de la nécessité de l'espace, comme de la nécessité de Dieu lui-même qui se répand dans tout son être et pénètre jusqu'à ses idées et ses actes? La nécessité de l'espace se communiquerait-elle aux intuitions sensibles qui n'en sont que des modes, pour donner à leurs parties et aux rapports de leurs parties une sorte d'immutabilité? Mais l'expérience contredit manifestement cette hypothèse. Il suffit de se regarder vivre un instant pour remarquer que nos représentations, telles qu'elles sont reçues par la sensibilité et telles qu'elles s'y coordonnent, ne contiennent rien d'absolument fixe. Nos représentations sensibles, telles que le regard de la réflexion les surprend en nous, n'ont rien que de changeant et de passager soit dans leurs éléments soit dans les relations réciproques de ces mêmes éléments. Impossible, à moins d'avoir pris parti pour une hypothèse, d'y découvrir quelque apparence d'immutabilité. Non seulement nos intuitions sensibles sont variables par nature, mais encore je les puis faire varier moi-même. L'espace est une étoffe maniable au gré de ma volonté. J'y trace d'abord un cercle, par exemple. Puis il ne tient qu'à moi de transformer cette figure en triangle, en carré ou en telle autre figure. Je change à ma guise les parties et les relations réciproques des parties de l'espace.

D'ailleurs, imaginons pour un instant que cette immutabilité des constructions mathématiques soit un fait; elle n'expliquerait pas la nécessité des concepts du même ordre. Par elle-même en effet, antérieurement à toute élaboration de l'intellect, cette immutabilité est d'ordre concret ; or la nécessité d'un concept quelconque présente un autre caractère. Elle ne peut-être qu'une face de l'universalité, quelque chose d'abstrait. De plus, que serait cette immutabilité dont nous parlons ? Une sorte de juxtaposition nécessaire de deux éléments. Il y a quelque chose de différent dans le rapport de deux concepts mathématiques. Ils ne sont pas présents l'un à l'autre en vertu d'un troisième principe, mais directement liés et cette liaison elle-même consiste dans une sorte de dérivation. C'est de la notion même du cercle, non d'ailleurs, que je vois émaner d'abord l'universalité et la nécessité, puis toute cette série de propriétés et de corollaires qui s'y rattachent. Je n'ai qu'à observer un instant pour me rendre compte de ce fait.

On n'a pas établi qu'une forme *a priori* puisse expliquer la connexion nécessaire des concepts mathématiques. A-t-on mieux réussi par le même expédient à interpréter le rapport de l'effet à sa cause, le principe de causalité ? Nous ne le croyons pas.

Qu'est-ce d'abord que cette forme innée, qu'on fait intervenir pour expliquer la connexion nécessaire de deux phénomènes qui n'auraient par eux-mêmes qu'un rapport de succession. De quelque façon qu'on l'imagine, elle ne peut être que quelque chose de réel et de concret. La conscience, avons-nous dit, est tout entière individuelle ; il faut donc que chacun de ses modes, avant toute élaboration de l'esprit, soit aussi individuel, n'ait que du réel et du concret. Dès lors, que sera cette forme innée à laquelle on a recours? Une sorte d'énergie psychique. Mais quelle analogie peut-on trouver entre une force de l'âme qui se tend et ce lien d'ordre essentiellement abstrait qui rattache deux notions abstraites? Et comment un tel principe pourra-t-il constituer une absolue nécessité, vu qu'à toute force donnée on conçoit toujours une énergie supérieure? Ce sont là des conséquences qu'il suffit de remarquer, pour voir l'erreur de l'hypothèse dont elles dérivent.

Etudions encore le rôle que peut jouer une catégorie de l'entendement dans la formation du principe de causalité. D'après Kant, autant du moins qu'on peut dégager sa pensée des nuages qui l'entourent, nous ne connaissons pas seulement des faits qui se succèdent, nous avons encore la notion abstraite de ce qui commence et celle de quelque autre chose qui suit toujours ce qui a une fois commencé. Ce sont là deux *schèmes,* qui n'ont par eux-mêmes qu'un rapport de succession. C'est à ces deux schèmes que s'applique le concept de la nécessité et le résultat de son application est de changer leur liaison purement empirique en une connexion nécessaire. Mais comment peut se produire une pareille transformation? On sait d'une part que le concept de nécessité vient de l'entendement; d'autre part, il n'est pas moins certain que les schèmes auxquelles il s'applique, ont

leur origine dans l'expérience. S'il en était autrement, l'innéisme de Kant perdrait son caractère
distinctif ; il se réduirait à l'innéisme des idées. Et
d'ailleurs Kant n'a pas laissé d'équivoque sur ce
point, les schèmes d'après lui se forment dans l'i-
magination et suivant une règle qu'il dit être propre
à cette faculté, bien qu'il ne la définisse pas. Les
schèmes ont leur point de départ dans l'expérience,
et la question se ramène à chercher comment un
concept inné de l'entendement peut établir entre deux
données venues de l'expérience un rapport d'une absolue nécessité, ou bien en d'autres termes, comment
il peut lui-même acquérir avec chacune de ces deux
données une sorte de soudure nécessaire. Mais un
fait de cette nature est d'une impossibilité manifeste ;
il implique contradiction. On ne fera jamais que
deux éléments d'origine diverse, qui se rencontrent
un instant sous le regard de la conscience, fondent
un rapport qui ne peut pas ne pas être ou même
produisent quelque apparence d'un tel rapport. Kant
a lui-même senti la difficulté. Aussi sa pensée est-
elle qu'il n'y a causalité que dans les cas qui présentent une succession constante ; mais cette condition
n'est qu'un vain palliatif. Qu'est-ce en effet que cette
invariabilité dont on parle ? Ou bien elle implique par
elle-même la nécessité, et alors la forme *a priori*
devient inutile. Ou bien elle n'est qu'une succession
d'un caractère particulier ; et alors la forme *a priori*
devient inefficace.

On est donc loin d'avoir démontré qu'une forme
à priori puisse fonder une liaison d'idées quelconque.
Kant a senti le besoin de s'élever au-dessus de l'empirisme et il n'a fait qu'inventer un nouveau genre
d'empirisme, amalgame inintelligible d'un abstrait
qui ne s'explique pas, la catégorie, et d'un abstrait
qui n'est pas expliqué, le schème, juxtaposition brute
de ces deux éléments à l'expérience qu'il s'agit de
connaître et sur laquelle ils ne nous apprennent
rien.

Mais en fait, y a-t-il une manière d'interpréter à
l'aide de formes innées la connexion nécessaire qui
fonde nos jugements généraux ? Non : sur ce point
encore, sur cette question de droit, la solution ne
peut être que négative. De toutes les formes de
l'innéisme, celle qui consiste à supposer l'existence
de concepts *a priori* vides par eux-mêmes de toute
réalité, nous paraît être la plus vague, la moins
compréhensible, la moins conforme aux données de
l'observation. C'est un rêve de métaphysicien qui ne
trouve et ne peut trouver place nulle part dans le
champ de la conscience humaine. Ce que je remarque en premier lieu, c'est que je n'entends pas ce
que l'on veut dire, l'orsqu'on me parle de la liaison
de deux concepts dont je ne saisis pas le rapport
essentiel. La nécessité d'affirmer n'est pour mon
esprit qu'un fait dérivé. Il faut que je voie tout
d'abord ; c'est ma loi. Si je suis contraint d'affirmer,
ce n'est qu'en raison de la perception intime que

j'ai de la vérité : j'affirme ce que je vois, le fait où je
vois le fait, la possibilité où je vois la possibilité, la
nécessité où je vois la nécessité. Par conséquent, si
j'affirme en particulier la nécessité d'un rapport, c'est
que j'en ai l'intuition et, si j'en ai l'intuition, c'est
qu'elle existe. Je ne puis voir le néant. Mais dire
qu'un rapport est nécessaire ou dire que son premier terme ne peut pas ne pas entraîner le second,
ou dire que son premier terme n'a son essence complète que si l'on y comprend le second, qu'il enveloppe le second dans son concept, ce sont différentes
manières d'exprimer une seule et même chose. Ainsi,
quoiqu'on fasse, il faut bien que tout se ramène à
l'analyse, que tout revienne par quelque voie à
l'évidence. Le jugement synthétique est un acte
contre nature ; il consiste à voir ce qu'on ne voit pas.
On nous dit que la nécessité de la causation n'est pas
l'effet d'une perception, mais qu'elle nait en nous
immédiatement ; on nous dit qu'à la seule représentation d'un antécédent A et d'un conséquent B, je suis
contraint d'affirmer que ces deux termes sont en relation causale, qu'ils soutiennent entre eux un rapport nécessaire. J'en conclus une chose, c'est que
l'absolue nécessité que nous atteste la conscience,
est une vaine illusion, que le principe de causalité
se fonde en définitive sur une nécessité physique et
relative, sur une nécessité d'instinct, que cette nécessité tout empirique ne se place plus entre les
deux termes de la causation, mais bien entre nos

inclinations et ces mêmes termes. J'en conclus qu'é-
tant donnés deux phénomènes successifs A et B, je
suis contraint par une force aussi aveugle qu'impé-
rieuse d'affirmer une chose essentiellement différente
du rapport que j'y perçois : à savoir que A et B sont
nécessairement liés l'un à l'autre. D'après une semblable hypothèse, la nécessité ne se trouve plus dans
la région de l'objet, c'est une impulsion toute subjective. Et si tel est le principe de causalité, s'il ne se
justifie plus par l'entendement lui-même, s'il se
fonde sur un instinct, il n'enveloppe plus de relation
nécessaire. Ce n'est plus un principe. La science
humaine se trouve ruinée par sa base.

V

On n'explique pas, on ne peut expliquer la connexion nécessaire des idées à l'aide d'un concept *a
priori*. On ne résout pas mieux la question, si l'on
substitue à ce concept la nécessité de Dieu lui-même.
En face de cette nouvelle hypothèse, les preuves que
nous avons exposées gardent toute leur valeur.
Qu'importe en effet que la nécessité soit un rayon
de la divinité ou une forme de la conscience? Du moment qu'elle n'émane pas des idées elles-mêmes, il
faut qu'elle s'y ajoute. Elle entre avec les idées dans
un simple rapport de contiguïté et ne peut par conséquent établir entre elles qu'une liaison *de fait*.

L'illusion sur la nature de cette liaison est plus aisée, il est vrai, lorsqu'il s'agit de Dieu lui-même que, lorsqu'il s'agit d'une simple forme de la conscience. Comme Dieu reste essentiellement présent à tout ce qu'il crée, la nécessité de son être conserve une intime et constante union avec notre activité, partant avec nos représentations. Dieu paraît être la forme essentielle de nos idées, parce qu'il est la forme créatrice de notre âme. Mais, que l'on veuille bien comparer un instant la nécessité de Dieu à celle que nous voyons entre nos idées, et l'on pourra constater que l'une n'est pas l'autre. La nécessité qui forme la trame de nos idées est d'ordre essentiellement abstrait. Par elle-même, antérieurement à toute élaboration mentale, la nécessité de l'être divin est quelque chose de réel et de concret. Pour la rendre logique et abstraite, il faut faire appel à l'activité de l'intellect, recourir à un principe que la vision en Dieu ne contient pas. De plus, quelle est au juste la relation que soutient avec nos idées la nécessité de l'être divin ? On répond qu'elle se mêle essentiellement à toutes nos idées, qu'elle ne peut pas plus s'en séparer que la conséquence de son principe. Mais il ne s'agit pas ici du rapport de chacune de nos idées avec un terme commun qui serait la substance divine ; il est seulement question du rapport réciproque de nos idées. Pour avoir gain de cause, les partisans de la vision en Dieu devraient prouver que nos idées sont essentiellement liées l'une à l'autre, par le fait même qu'elles

sont liées avec la substance divine, mais d'une telle
hypothèse résulterait une conclusion singulière. Toutes nos idées, s'unissant en vertu d'un seul et même
principe, auraient entre elles le même rapport. On
pourrait argumenter du cercle au carré. D'ailleurs,
en quoi consisterait ce rôle de la substance divine?
En ce qu'étant nécessaire et par là même immuable,
elle imposerait à nos idées un ordre également immuable. Mais c'est là une supposition manisfestement
contraire à l'expérience. Nos idées suivent le mouvement des images qui en sont comme le corps ; or
rien n'est plus changeant, rien n'est plus capricieux
que le rapport dans lequel se succèdent les mêmes
images aux différents moments de notre existence.
Mais, ce qu'il faut ici rappeler avant tout, c'est qu'entre nos idées il n'y a pas seulement présence ou
juxtaposition ; il y a dérivation logique, il y a enveloppement. Une idée appartient à une autre idée,
comme la partie à son tout. A bien prendre la question, Dieu ne pourrait fonder la liaison de nos idées
que s'il était lui-même la substance du monde,
que si chaque individu était une portion de l'infini
et comme une face de la divinité. Mais dans ce cas,
la vision en Dieu n'est plus une forme de l'innéisme.
L'idée apparaît avec le phénomène qui la contient
d'une certaine manière et l'expérience devient la
source unique de toute nos connaissances. De plus,
comme l'idée ne se présente pas dans le phénomène
à l'état isolé, il faut, pour en expliquer la formation,

recourir à une énergie qui la débarrasse de ses scories empiriques et l'on revient ainsi par une voie inattendue à la théorie de l'intellect actif.

Concluons maintenant. Un fait se dégage des différentes considérations que nous avons développées jusqu'ici, c'est que l'innéisme, quelque forme qu'il prenne, qu'il soit purement psychologique ou se perde dans les profondeurs de la métaphysique, n'explique ni l'abstrait, ni l'universel, ni le nécessaire, c'est que l'innéisme n'explique pas l'élément suprasensible de la connaissance, l'idée. Et cette impuissance vient tout entière de ce qu'on a supposé que tout est fait d'avance dans l'ordre des abstractions, de ce qu'on a vu dans l'intelligence humaine une simple faculté de contenir ou de recevoir, de ce qu'on n'a pas reconnu le vrai rôle de l'activité de l'esprit. Dans l'expérience, dit-on sans cesse, il n'y a rien que de particulier et de contingent. Les impressions qui la constituent ne contiennent rien que d'individuel, si on les prend en elles-mêmes ; et, si l'on vient à les considérer dans leurs rapports, on observe qu'elles s'associent de mille manières diverses, que sur ce domaine mouvant la nécessité ne peut prendre pied nulle part. Il faut donc que l'idée ait son origine en dehors de l'expérience, qu'elle descende d'un monde plus stable et plus réel, qu'elle se fonde sur la raison elle-même ou bien qu'elle soit une échappée de la lumière divine à travers notre fragile existence. Mais on n'a pas remarqué que, si nos représentations empiriques n'ont par elles-mêmes rien que de particulier et de changeant, ce n'est qu'aux yeux de la sensibilité; on n'a pas remarqué que cette faculté toute passive n'épuise pas son objet, que, lorsqu'elle y a pris sa part, il y reste encore le fruit de l'éternelle vérité et que le propre de l'intelligence est de le cueillir. On n'a pas vu, du moins assez nettement et à la lumière de l'observation, que, de même que notre œil ignore le son et notre ouïe la couleur, de même notre intelligence, dans sa partie la plus haute et la plus noble, va tout droit à travers ce qui passe à ce qui ne passe pas.

D'où vient que dans un siècle où l'on a tant de fois agité le problème de la connaissance, on n'ait pas songé à cette prérogative divine de notre esprit d'où tout dérive, parce qu'elle est toute la raison? Le fait paraît étrange, d'autant plus étrange qu'Aristote avait déjà remarqué et analysé cette énergie spéciale de l'intelligence, que l'étude de son rôle dans la formation des idées fut plus tard poussé très-loin par Averroès, plus loin encore par saint Thomas d'Aquin, ce commentateur aussi clair que profond, ce divinateur puissant de la pensée péripatéticienne. Mais on découvre assez vite la raison principale de ce long et pernicieux oubli, si l'on parcourt l'histoire de la philosophie moderne. L'esprit humain, quelque effort qu'il fasse, ne voit toujours les choses que par un côté à la fois. Or à partir de Descartes, surtout avec Malebranche et

Spinoza, on ne vit plus que métaphysiquement.
C'est à l'aide de grands principes sur l'esprit, la matière, la nature de Dieu, qu'on voulut résoudre
tous les problèmes. La mode fut de procéder à rebours, de commencer par ce qui est le plus loin de
nous pour revenir à ce que nous avons de plus
intimement présent : notre liberté, nos représentations, nos idées. Cette méthode dominait encore
à l'époque de Kant dont tout le système se fonde
sur un *a priori*. Elle devint presque exclusive avec
Hegel, Fichté, Schelling, si bien qu'on peut dire de
ces philosophes qu'ils ont plus rêvé que pensé. Est-
il étonnant qu'avec des procédés aussi défectueux
ont ait méconnu ou mal interprété le rôle de l'activité intellectuelle? On a tout étudié, excepté l'esprit,
dans une question où tout se ramène au travail de
l'esprit.

DEUXIÈME PARTIE

L'EMPIRISME N'EXPLIQUE PAS L'IDÉE

CHAPITRE I

L'EMPIRISME N'EXPLIQUE PAS L'ABSTRAIT

I

On n'explique pas l'idée à l'aide de formes *a priori*. On ne l'explique pas davantage en la supposant toute faite d'avance, soit qu'on lui donne pour sujet la conscience elle-même, soit qu'on lui cherche un fondement plus solide dans la substance divine. De quelque manière qu'on entende l'innéisme, la même difficulté reparaît toujours : il faut rendre compte de l'abstrait ; toute forme, toute idée, en quelque endroit qu'on les situe, sont également choses abstraites. Or l'abstrait ne peut exister antérieurement à l'expérience dont il n'est qu'une face isolée par l'esprit.

La solution du problème est-elle meilleure, si, au lieu de tout expliquer par la pensée, on cherche à tout expliquer par l'expérience, si l'on vient à prétendre que les données empiriques suffisent par elles-mêmes, en dehors de toute activité mentale, à produire en nous ce phénomène mystérieux qu'on appelle l'idée ? En d'autres termes, l'empirisme moderne, qui fait de la conscience humaine un simple réceptacle de la nature, contient-il la réponse que l'innéisme n'a pu fournir? Donne-t-il des caractères généraux de l'idée une interprétation suffisante?

On peut dire que l'empirisme est en un sens supérieur à l'innéisme. Un fait incontestable et dont il faut toujours partir dans une théorie de la connaissance humaine, c'est qu'en définitive l'intelligence et la sensibilité portent sur un seul et même objet, que l'idée, si générale qu'elle puisse être, n'est qu'un certain aspect de la réalité. Or ce fait fondamental, les empiristes ont su le remarquer. Interrogeant la conscience, au lieu de tout déduire d'un principe *a priori*, Ils ont senti que c'est une utopie de croire que la science humaine se divise en deux ordres d'objets d'origine absolument distincte et n'ayant entre eux d'autre rapport qu'une sorte de parallélisme dans leur développement; ils ont vu que, malgré leurs différences profondes, l'abstrait et le concret ont une seule et même source, l'expérience. Ainsi leur système peut être incomplet; mais il a cet avantage sur l'innéisme, que la base en est sûre.

C'est d'ailleurs un mérite que Kant lui-même a reconnu. Et c'est pour se rapprocher de l'empirisme, qu'il a modifié si profondément la théorie de ses devanciers, qu'au lieu de faire de l'idée un objet inné de toute pièce, il n'en rapporte à l'esprit que les caractères généraux, rendant à l'expérience le schème ou la notion aussi bien que l'image elle-même.

Mais cette supériorité relative de l'empirisme sur
l'innéisme n'est pas le point capital que nous dési-
rons mettre en lumière. Nous cherchons si l'empirisme est par lui-même une interprétation satisfaisante de l'idée, si, pour compléter ce système, on
n'est pas obligé de recourir à un principe qu'il ne
contient pas.

Cette seconde question est à la fois plus importante
et plus délicate. Il faut l'étudier avec ordre et chercher successivement, comme nous l'avons fait pour
l'innéisme, si la théorie empiriste explique l'idée en
tant que chose abstraite, si elle explique l'universalité, si elle explique la nécessité de l'idée.

L'idée n'est pas un mot. Le fait est trop évident
pour qu'on s'arrête à l'établir. Nous ne pensons pas,
nous ne raisonnons pas avec un souffle d'air.

L'idée n'est pas non plus l'image à l'état brut, telle
quelle est reçue par la sensibilité, dans toute la netteté première de ses contours ; car le propre de l'idée
est de n'avoir par elle-même ni dimensions ni forme
déterminées. Le triangle, pris en soi, n'est pas tel
triangle ; ses côtés n'ont pas tant de mètres ou de
centimètres. De plus, comment trouver dans l'image
à l'état brut, aussi longtemps qu'elle ne subit aucune
élaboration, ce double caractère d'universalité et de
nécessité que présente toute idée, par le fait même
quelle est abstraite.

Qu'est-ce donc que l'idée? Faut-il y voir une sorte
de trace commune laissée dans la conscience par

un certain nombre d'images dont les particularités
ont disparu? L'idée est-elle une représentation affai-
blie et décolorée, où n'entrent plus comme compo-
sants que les caractères par lesquels se ressemblent
une foule d'autres représentations? Il y a quelques
années déjà, j'eus l'occasion de visiter le glacier des
Bossons et je me rappelle encore ces blocs énor-
mes de neige congelée, aux formes angulaires, aux
vaines bleuâtres, recouverts d'une blanche couche
de légers cristaux, entrecoupés de crevasses béan-
tes au fond desquelles grondait un torrent. Je retrouve encore dans mon souvenir la représentation
sensible d'un glacier. Mais il y a une différence entre cette représentation et mes impressions passées.
Tout était précis dans ce que j'ai vu ; presque tout
est vague maintenant. Chacun des objets qui ont
frappé mes yeux ont produit en moi une sensation
distincte. Chaque bloc, chaque aiguille, chaque on-
dulation de ce fleuve de glace avait une forme, une
couleur, des dimensions qui lui étaient propres.
Mais ces détails ont disparu et je n'en puis ressus-
citer que la plus petite partie. Il n'en reste dans
ma conscience qu'un écho affaibli, une image vague et décolorée, une sorte de résidu formé de caractères agglutinés par la ressemblance. Est-ce là
ce qu'on appelle l'idée? Non. La chose paraît manifeste. Car, si je ne me rappelle pas tous les détails du glacier que j'ai vu, il n'en n'est pas moins
vrai que tout ce que j'en conserve dans ma mé-

moire est une esquisse, l'esquisse sensible d'un individu distinct. De plus, à mesure que je persiste à
relever les ruines qu'a faites en moi la main de
l'oubli, à reconquérir sur le passé les traits divers
du tableau qui s'est autrefois déroulé sous mes yeux,
je vois apparaître de nouvelles sensations d'un caractère également particulier : là forme d'un glaçon,
la couleur d'une veine, la profondeur d'une fente.
Tout ce qui sort de la partie inconsciente de mon
être sous l'effort de la réflexion prend un aspect déterminé, présente des contours définis. Il y a des parties de mon souvenir que je ne puis nullement faire
revivre, j'y vois des lacunes sans nombre que je ne
puis combler. Mais ce sont des places vides, où
toute forme précise fait défaut, parce que toute réalité en est absente. Ainsi, de quelque manière que
j'envisage la représentation actuelle de mes sensations passées, je n'y trouve rien d'abstrait, rien
d'indéterminé, rien qui ressemble à une idée. Ou
je n'y vois rien ou ce que j'y vois représente
un individu. Elle est moins savante, mais aussi
particulière que l'œuvre de la nature dont elle provient.

Toutefois, afin de ne commettre aucune méprise,
poussons notre analyse un peu plus loin. Est-il bien
vrai qu'il n'y ait rien dans l'image qui convienne à
plusieurs individus? Un souvenir incomplet se divise en deux parties : l'une que nous possédons dès
l'abord, l'autre que nous essayons de reconstruire à

force de tâtonnement et de réflexion. Comment ce travail de recherche est-il possible ? ne suppose-t-il pas qu'antérieurement à l'apparition des caractères qu'il s'agit de retrouver, il existe déjà dans la conscience un aperçu vague et général qui ne fait que s'achever, quand on les retrouve. Eclaircissons ce point à l'aide d'un exemple. Je me rappelle la physionomie d'une personne que j'ai connue ; mais je n'en sais plus le nom. Toutefois, ce nom que je ne sais plus, je ne le confonds pas avec un autre. Je fais, pour l'évoquer, mille combinaisons malheureuses que je tiens pour telles et que je rejette successivement. Mais que je tombe par hasard sur le groupe de lettres que je cherche, c'est comme un éclair qui jaillit, je dis aussitôt : le voilà. Qu'un autre vienne à prononcer devant moi le nom que j'avais oublié, la même révélation se produit : je le reconnais immédiatement comme étant le vrai. Comment se fait cette constatation d'identité entre ce que j'apprends à l'heure même et ce que je ne savais plus ? Ne faut-il pas, pour l'expliquer, qu'il y ait quelque part dans ma conscience une ébauche de représentation, aux contours très indéterminés, applicable par là-même à plusieurs individus, qui, se précisant de plus en plus sous l'effort de l'attention, aboutit à l'image ? Mais j'observe d'abord que la représentation crépusculaire dont on parle, par le fait même qu'elle convient à plusieurs phénomènes, ne me révèle plus tel phénomène. L'idée de triangle

ne me conduit pas d'elle-même à l'idée de triangle
isocèle et surtout à la représentation d'un triangle
à dimensions données. De plus, j'ai beau fouiller
dans ma conscience avant d'avoir trouvé le mot
que je cherche, je n'y rencontre rien qui lui ressemble ou, si j'y rencontre quelque chose, c'est un élément individuel, une lettre, un groupe de lettres,
qui doit servir à le former. Un souvenir ne s'achève
pas en vertu d'une représentation indéterminée qui
se développe en allant du général au particulier. Un
souvenir se précise par l'addition successive ou simultanée de différentes pièces, dont chacune est individuelle au même titre que le tout qu'elle sert à
constituer. Et chacune de ces pièces passe brusquement de l'inconscient à la conscience, sans qu'on
puisse expliquer au juste comment elles en sortent
et ce qui les a précédées. Tout ce que je sais, c'est
qu'elles viennent à point combler des vides que je
veux remplir; et, si je les tiens pour ce qu'elles
ont été jadis, le fait s'explique par la connaissance
que j'en prends au fur et à mesure qu'elles montent
à la lumière de la conscience : je sens en les revoyant que je reproduis l'acte par lequel je les ai
vues la première fois.

Il n'y a donc rien dans l'image qui soit véritablement indéterminé et par là même abstrait. L'image
est tout individuelle ou n'est pas du tout. « Je peux,
dit Berkeley, imaginer un homme à deux têtes, ou
la partie supérieure de son corps jointe au corps

d'un cheval. Je peux considérer la main, l'œil, le nez l'un après l'autre abstraits ou séparés du reste du corps. Mais quelle que soit la main ou quel que soit l'œil que j'imagine, il faut qu'ils aient une forme, une couleur particulière. De même, mon idée d'homme doit être l'idée d'un homme blanc ou noir ou basané, droit ou contrefait, grand ou petit ou de taille moyenne [1] ». Ce passage d'un argument dirigé contre les notions abstraites, résume à souhait la pensée que nous développons ; tout ce qui se sent, tout ce qui s'imagine, revêt un caractère déterminé, concret, et partant n'est pas l'idée.

Une preuve non moins frappante que l'idée n'est pas l'image, c'est que l'on conçoit encore où l'on ne peut plus imaginer. Soit un polygone auquel on suppose un nombre infini de côtés. C'est là une figure qui ne se rencontre nulle part dans la nature. Je ne comprends pas même qu'elle puisse exister. Je ne réussis pas non plus à m'en former quelque image. Je n'en ai absolument aucune expérience. Et cependant, cette figure, je la conçois ; le concept que je m'en fais est un moyen de trouver la mesure de la circonférence. D'où vient donc cette idée ? De la possibilité d'augmenter à l'infini le nombre des côtés du polygone ; mais alors d'où vient cette possibilité elle-même, si nous ne connaissons que des images ? Tout image est concrète et il n'y a pas de possible dans le

1. Introduction aux principes de la connaissance humaine.

concret, ou, si il y en a, ce possible ne dépasse pas le
nombre des cas observés. Que j'aie vu quelque part ou
bien imaginé un dodécagone, je puis l'imaginer de nouveau. Mais qui me dit que je puis augmenter encore
le nombre des côtés de ce polygone, si dans l'image
que je m'en forme, je n'ai vu que des éléments concrets,
des éléments qui n'ont entre eux d'autre rapport qu'un
lien physique? Qui me dit que je puis porter à l'infini le nombre de ses côtés ? Un fait, comme on
l'a dit, ne garantit pas un autre fait. Un certain
nombre de multiplications déjà constatées ne garantissent pas la possibilité de multiplier à l'infini. Il en est
de nombre d'autres idées, comme du polygone inscrit
à la circonférence. Je n'ai jamais vu Dieu par mes sens.
Quelque système qu'on admette pour expliquer l'idée
de Dieu, il ne vient à l'esprit de personne de croire que
nous le percevons comme nous le faisons d'un corps.
Et cependant nous avons l'idée de Dieu, idée inadéquate, il est vrai, mais réelle. L'idée de Dieu n'est pas
l'assemblage de ces quatre lettres : D.i.e.u. Sous ce
signe matériel, je saisis quelque chose, qui n'est ni
une image ni la partie d'une image. Qui a jamais
expérimenté l'éternité? Qui s'en est fait une représentation sensible? Et cependant j'ai de l'éternité, aussi
bien que Dieu, quelque notion véritable, incomplète
à coup sûr, mais assez claire pour me permettre de
distinguer l'éternité de ce qui n'est pas elle. Quand je
parle d'éternité, je sais ce que dis. Il y a donc des
idées qui dépasse visiblement les limites de l'expé-

rience. Il existe au-dessus du monde réel et concret
un domaine à part que la réalité concrète, si raffinée
ou si éteinte qu'on la suppose, ne constitue point par
elle-même. L'esprit reçoit les impressions du dehors ;
mais il a de l'énergie pour s'élever plus haut. Au-
dessus de l'ordre des images il y a dans la conscience
l'ordre des idées.

L'idée n'est pas l'image, parce que l'image, à quelque état qu'on la prenne, qu'elle ait toute la netteté
première de ses formes ou qu'elle soit oblitérée et
amortie par le temps, n'offre rien à la conscience que
de déterminée et de concret.

Qu'est-ce donc encore une fois que l'idée? Nous savons déjà qu'elle vient de l'image ; et, si elle vient de
l'image, ne faut-il pas qu'elle en soit un élément, une
partie? Pour tirer la question au clair, choisissons un
exemple qui fixe et soulage notre attention. Soit le
soleil à son lever, par une matinée humide et vapo-
reuse. L'impression que cet astre produit alors sur
moi, est très distincte. Il m'apparaît comme une surface aux contours précis, aux dimensions déterminée   d'une couleur donnée. C'est un disque rouge,
qui me semble avoir près d'un mètre de diamètre.
Mais ce n'est pas tout. Avec cette représention sensible, je vois apparaître en moi-même un phénomène
d'une tout autre nature. La couleur rouge du soleil,
je la perçois en elle-même, en dehors du sujet auquel
elle est inhérente, en dehors des dimensions que présente ce même sujet, en dehors de la forme circulaire

qui l'encadre pour ainsi dire et la délimite. La couleur rouge du soleil, je la perçois en tant quelle a telle nature, en tant quelle se distingue des autres couleurs du spectre. Et voilà l'idée. L'idée est donc quelque chose de l'image et n'a plus les caractères à l'état brut de l'image ; elle est quelque chose du concret et n'a rien plus de concret. C'est une propriété, l'essence d'un individu isolée de tout ce qui lui est étranger, arrachée de son enveloppe individuante et comme mise à nu. On perd donc bien sa peine, quand on cherche à réduire l'idée à l'image. L'idée ne s'imagine pas plus que le son ne se voit, que la lumière ne s'entend. Elle traverse en inconnu le monde flottant des phénomènes sensibles et ne se révèle qu'à l'intelligence pour laquelle est faite et qui peut seule en jouir. C'est bien en vain que l'empirisme à recours à tous les artifices, pour expliquer l'idée, vu qu'il reste dans l'ordre des sensations, vu qu'il ne s'élève pas jusqu'à cette région plus lumineuse et plus pure de la conscience où se manifeste l'idée.

L'idée est la nature du concret perçue dans le concret lui-même. Mais comment se fait cette perception? Faut-il attribuer au langage le rôle de marquer l'image à l'endroit de l'abstrait et de la désigner pour ainsi dire à l'intellect? Un philosophe de nos jours, interprète original d'une théorie tout anglaise, a eu cette pensée et l'a exprimée dans une page d'une netteté frappante qu'on me permettra de citer : « Qu'y « a-t-il donc en moi, dit-il, de si net et de si déter-

« miné qui correspond au caractère abstrait com-
« mun à tous les Araucarias et ne correspond qu'à
« lui? Un nom de classe, le nom d'Araucaria, pro-
« noncé ou entendu mentalement, un son significatif
« lequel est compris et qui, à ce titre, est doué de
« deux propriétés. D'une part, sitôt qu'il est perçu ou
« imaginé, il éveille en moi la représentation sensible
« plus ou moins expresse d'un individu de la classe;
« cette attache est exclusive. Il n'éveille point en moi
« la représentation d'un individu d'une autre classe.
« D'autre part, sitôt que je perçois ou imagine un in-
« dividu de la classe, j'imagine ce son lui-même et je
« suis tenté de le prononcer; cette attache aussi est
« exclusive; la présence réelle ou mentale d'un indi-
« vidu d'une autre classe ne l'évoque point dans mon
« esprit et ne l'appelle pas sur mes lèvres. Par cette
« nouvelle attache, il fait corps avec toutes les per-
« ceptions et représentations sensibles que j'ai des
« individus de la classe et ne fait corps qu'avec elles.
« Mais il n'est attaché d'une façon particulière à au-
« cune d'elles; indifféremment, il les évoques toutes;
« indifféremment il est évoqué par toutes. Partant, si
« elles l'évoquent, c'est grâce à ce que toutes ont de
« commun et non grâce à ce que chacune d'elles à de
« propre; partant encore, s'il les évoque, c'est grâce
« à ce que toutes ont de commun et non grâce à ce
« que chacune d'elles a de propre; par conséquent
« enfin, il est attaché à ce que toutes ont de commun
« et à cela seulement. Or ce quelque chose est juste-

« ment le caractère abstrait, le même pour tous les
« individus de la classe [1]. »

La trouvaille est ingénieuse, on ne saurait défendre
un système avec plus d'esprit ; mais la pensée est-elle
aussi vraie que la forme est heureuse ? Il y a un nom
abstrait, un nom pour chaque classe d'objets, qui
tient à l'idée de cette classe et y conduit notre intelligence comme par la main. Le fait est vrai, et c'est
ainsi que nous pensons à tout instant. Nous allons
du signe à la chose aussi bien que de la chose au signe. Mais la question n'est pas de constater comment
fonctionne notre esprit à l'heure actuelle chez des
personnes qu'une longue expérience a déjà développées. Il s'agit de savoir comment l'abstrait, comment
l'idée fait pour la première fois son apparition dans la
conscience. Or évidemment, cette apparition n'est
pas l'œuvre d'un mot. Ce n'est pas le mot qui invente
l'idée. Il a fallu que l'idée existât tout d'abord. On
pense avant de parler. La parole n'est que le vête-
ment de la pensée. Elle ne la précède pas, elle ne la
découvre pas ; elle la suit et la formule. De plus,
comment pourrait se faire cette espèce de soudure
qu'on suppose entre le mot et le caractère abstrait
qu'il désigne ? Je comprends une association de ce
genre, quand il s'agit d'une image, d'une totalité concrète ou d'un élément de cette totalité, car alors on
a un terme donné, qui partant peut s'unir à son signe.

1. De l'intelligence. l. IV, c. I, t. II.

Mais l'abstrait n'existe pas par lui-même dans la conscience. Il n'y a pas dans une image une région spéciale, une sorte de cadre tout prêt d'avance où tombe
et s'attache le terme général. L'abstrait ne passe pas
de lui-même à l'état indépendant et séparé. Car,
encore une fois, tout est individuel dans l'individu,
tout existe dans ce qui existe, tout est concret dans le
concret. Ainsi le mot abstrait ne peut s'appliquer à
l'endroit de l'image où se trouve la chose qu'il désigne ;
car cet endroit ne s'y trouve pas plus qu'il n'y a deux
hémisphères dans notre globe avant qu'on y ait tracé
par l'imagination la ligne idéale de l'équateur.

Il faut donc revenir encore à la même conclusion.
L'élément suprasensible de la connaissance reste à
l'état de mystère, si l'on ne fait de l'intelligence humaine qu'une puissance de recevoir et de voir ce
qui est donné, qu'une faculté de pâtir. Il faut, pour
expliquer l'idée, supposer qu'il y a quelque part dans
la conscience une force essentiellement active, qui
pénètre ce qui est une fois entré dans nos sens, qui
l'élabore, en fait tomber les scories empiriques et
prend ensuite pour elle-même ce qu'elle a conquis.
Aussi longtemps qu'on n'admet pas ce principe d'un
ordre à part, aussi longtemps qu'on n'a pas recours
à une sorte d'intellect actif, on stationne dans le monde
des sensations, on ignore dans l'homme ce qui carac-
térise l'homme, l'idée. C'est ce que Locke a bien vu
et par là son système reste supérieur à tout ce que les
Anglais ont écrit après lui sur l'origine de nos con-

naissances : [1] « L'esprit, dit-il, rend générales les idées
« particulières qu'il a reçues par l'entremise des
« objets particuliers, ce qu'il fait en considérant ces
« idées comme des apparences séparées de toute autre
« chose et de toutes les circonstances qui font qu'elles
« représentent des êtres particuliers actuellement exis-
« tants, comme sont le temps, le lieu et les autres
« idées concomitantes. C'est ce qu'on appelle des
« abstractions ; par où des idées tirées de quelque être
« particulier devenant générales, représentent tous les
« être de cette espèce, de sorte que les noms généraux
« qu'on leur donne peuvent être appliqués à tout ce
« qui dans les êtres actuellement existants convient à
« ces idées abstraites. » Parler ainsi, c'est affirmer
nettement que tout ne vient pas de la sensibilité ou
que, si tout en vient, c'est par l'intermédiaire d'une
énergie à part, essentiellement distincte de la sensibilité, c'est affirmer que l'activité de l'esprit ne
se borne pas à séparer ou bien à grouper des fragments d'images, c'est sortir de l'empirisme pour reconnaître un principe que l'empirisme ne contient
pas, le pouvoir de faire l'abstrait.

[1] Locke, *Entendement humain* L, II. c. XI, 9.

CHAPITRE II

I

L'empirisme n'explique pas l'idée en tant que chose abstraite. Rend-il mieux compte de son universalité? Pour voir clair dans la question, il faut d'abord définir en quoi consiste au juste l'universalité de l'idée. C'est un fait logique que nous avons analysé en parlant de l'innéisme. Mais il faut y revenir, il faut encore en préciser le vrai caractère. La lumière une fois faite sur ce point, tout le reste s'éclaircira comme par enchantement.

Il y a quelque temps déjà, en visitant un aquarium, je regardais sautiller une vingtaine d'Orfus dans un réservoir, élégants petits poissons, tachetés de pourpre, rapides comme l'éclair dans leurs mouvements; j'en ai retenu le nombre. De plus, bien que certaines nuances qui les distinguaient les uns des autres, aient disparu de mon esprit, je me souviens encore des traits communs à cette vingtaine d'individus. Voilà un genre d'universalité, dont la seule signification est

qu'un certain groupe de caractères se trouve réalisé
dans un nombre déterminé de cas, qui s'obtient par
un nombre donné d'observations et ne peut s'étendre
que dans la mesure même de ces observations, qui
par conséquent, si loin qu'on la pousse, reste toujours
essentiellement limitée. C'est une universalité scientifique ou plutôt tout expérimentale, une universalité
de fait. Mais l'idée n'est-elle universelle qu'en ce
sens? On le pourrait croire à première vue et c'est en
réalité ce que semblent dire les empiristes modernes
en maint passage de leurs écrits. Toutefois, on ne peut
prendre parti pour cette opinion que si l'on s'arrête à
la superficie des faits. Outre l'universalité qui consiste en ce qu'une idée soit réalisée, il en est une autre plus profonde, où se trouve la raison de la première, et qui consiste en ce qu'une idée soit réalisable.
Outre l'universalité qui résulte d'expériences répétées
et se borne à ces mêmes expériences, il y a l'universalité que l'esprit dégage d'une seule observation et
qui du premier coup la dépasse de l'infini. Soit un
cercle d'une grandeur donnée, tracé par exemple sur
un tableau noir avec de la craie blanche, ayant un dé-
cimètre de rayon. Aussitôt que ce cercle particulier,
existant à cette heure et dans ce lieu, a subi l'action
de mon intelligence, dès que j'en ai compris la définition, que je m'en suis fait une idée, cette idée se
soustrait à toutes les conditions de l'espace et du
temps, s'étend à tous les cercles, de quelque dimension et de quelque couleur qu'ils soient. Et ce passage

subit du particulier au général, ce saut brusque du
réel dans le possible n'est pas propre aux concepts géo-
métriques. Il a lieu dans toutes nos représentations,
de quelque nature qu'elles soient, de quelque sens
qu'elles relèvent. Considérons par exemple la couleur
d'une boule d'ivoire. Par elle-même, cette couleur est
la qualité de cette boule, un mode indissolublement
lié à cette boule, n'existant et ne pouvant exister qu'en
elle. Mais qu'une fois cette couleur soit le terme de
mon intelligence, que je n'en aie pas seulement la
sensation, mais encore l'idée, aussitôt et par le fait
même, avant de savoir si cette qualité se rencontre
ailleurs dans la nature, je la vois applicable à une infinité d'autres boules d'ivoire et peut-être aussi à une
infinité d'autres corps. Il en est de même de toute substance, de tout mode, de tout rapport, de tout ce que
nous connaissons. Un objet quelconque qui pénètre
dans notre conscience empirique, acquiert sous le regard de notre conscience rationnelle et du premier
coup une sorte d'*universalité* qui va jusqu'à l'infini.
Dans tout individu donné, l'intelligence découvre une
essence et dans cette essence la possibilité de se réaliser dans tous les temps et tous les lieux, autant de
fois qu'on le voudra. Au-dessus de l'*universalité de
fait* il y a l'*universalité de droit*, dont le propre est d'ê-
tre essentielle à l'idée, logique, absolue.

Voilà les faits, tels du moins qu'ils nous apparaissent. Peut-on les interpréter, si l'on ne voit dans la
conscience qu'un registre de la nature, si l'on n'y

met que la faculté de percevoir des sensations et
des fragments de sensations?

Un fait certain, c'est qu'en se fondant sur une semblable hypothèse, on n'explique pas du tout ce que
nous avons appelé l'*universalité de droit*. Comment
dépasser, en effet, le nombre des observations déjà
enregistrées? Comment conclure d'un certain nombre de cas donnés que ces mêmes cas peuvent se re-
produire à l'infini, dans tous les temps et tous les
lieux? Il suffit, dit-on, qu'un fait existe une fois pour
qu'on puisse le supposer une seconde, une troisième
fois, à l'infini. On a le droit de répéter sans cesse la
même hypothèse. Cela est vrai, mais pourquoi? Un
fait par lui-même n'enveloppe rien de possible et
partant ne garantit sa possibilité ni pour le passé ni
pour l'avenir, ni dans d'autres temps ou d'autres lieux
que ceux où il s'est produit. Pris à l'état concret, un
fait existe tout entier; il est donc tout entier individuel, il n'a rien qui puisse passer dans d'autres individus; pris à l'état concret, un fait n'indique pas non
plus qu'on puisse avec une matière différente de la
sienne réaliser quelque chose de distinct, mais de
semblable à lui-même. Car il n'y a aucune raison de
conclure de son existence à la possibilité de la matière
dont sa copie doit être faite. On ne peut en inférer
avec plus de droit cette convenance interne et logique
d'attributs, qui est la loi fondamentale de tout être,
sans laquelle, par conséquent, on ne sait encore s'il
peut s'imiter. Car cette convenance n'est point une

agglutination toute physique d'impressions ou d'i-
mages ; elle existe entre propriétés considérées en elles-
mêmes, isolées de toute condition individuante ; c'est
un rapport entre termes abstraits. Un fait n'a donc
par lui-même ni *communicabilité* ni *imitabilité*.
Aussi longtemps qu'on l'envisage à l'état brut, on
n'y voit aucune raison de croire qu'il est encore réalisable ; on n'y découvre aucune trace de possibilité.
Il est, on le constate, voilà tout. Partant, il ne nous
autorise point à supposer qu'il peut se répéter à l'infini dans tous les temps et tous les lieux. Il ne nous
apprend rien de son universalité de droit. Pour arriver à cette généralisation absolue, il faut y découvrir
une aptitude intrinsèque, inaliénable à l'existence, et
comme cette aptitude ne tient pas à la réalité, mais à
l'essence de la réalité, comme elle est d'ordre logique
et abstrait, il faut, pour la voir, s'élever au-dessus de
la région des images, reconnaître à l'esprit le pouvoir d'isoler du concret les propriétés du concret.

L'empirisme ne s'élève pas jusqu'à l'universalité de
droit. Explique-t-il du moins l'universalité de fait ? On
a constaté que plusieurs espèces de plantes et d'animaux ont conservé le même type à travers les longs
intervalles des périodes géologiques. On a découvert
qu'un certain nombre de corps chimiques, l'hydro-
gène, le fer, le sodium, par exemple, se rencontrent
dans le soleil à trente-cinq millions de lieues de notre
planète et bien au delà dans des mondes dont la lumière a mis des siècles à nous parvenir. On s'est

assuré par les raies du spectre que la lumière des
astres présente les mêmes propriétés que celle des
corps que nous brûlons. Poussé par un désir insatia-
ble de confondre et de dominer la nature, l'homme
marche sans relâche à la conquête de l'inconnu; il
va sans cesse élargissant le domaine de son savoir à
travers le temps et l'espace; par son travail acharné,
il réussit à découvrir que les phénomènes qu'il a d'a-
bord observés sur cette terre, se retrouvent dans
d'autres mondes avec les mêmes caractères, qu'ils se
sont produits jadis dans les siècles les plus reculés.

Mais où est cette muse cachée qui nous suggère à
tout instant qu'il reste encore quelque chose à découvrir? Quelle est cette force qui nous entraîne sans
cesse au delà de ce que nous savons déjà? Peut-on
expliquer que l'homme cherche toujours à dépasser
le nombre des faits connus, si sa conscience n'est que
la faculté de voir le concret, de combiner ensemble
les éléments du concret? Nous ne le pensons pas.
Pour que l'esprit se mette en branle, pour qu'il tende
vers autre chose que ce qu'il possède déjà, il lui faut un
idéal à poursuivre. La cause efficace ne suffit pas à
expliquer le développement de notre activité mentale; il y faut joindre la cause finale. Nous n'allons,
nous ne pouvons aller que vers ce que nous connaissons de quelque manière. *Ignoti nulla cupido,* suivant
le vieil adage. Or, supposé que nous n'ayons que la
puissance de constater et de combiner des faits déjà
constatés; supposé que l'esprit ne saisisse dans les faits

aucune notion de possibilité, qu'il n'y découvre aucune aptitude à se réaliser dans d'autres temps et
d'autres lieux, qu'il ne parvienne pas d'abord à l'universalité de droit, il n'aura jamais la pensée de chercher s'il existe ailleurs des phénomènes analogues à
ceux qu'il connaît déjà, il ne sortira pas du champ
des impressions passivement reçues, il n'arrivera pas
à l'universalité de fait. Nous cherchons le réel, parce
que nous connaissons le possible. Qui ne connaît que
le réel, n'a pas de l'énergie pour aller plus loin; ce n'est
pas en vertu de son activité qu'il fait de nouvelles découvertes. Son expérience croît d'une manière toute
passive, à mesure que les circonstances lui offrent
d'elles-mêmes des cas qui présentent des caractères
communs. Encore cette universalité restreinte n'est-
elle qu'un nom, si l'on y regarde de près. C'est une
illusion de croire qu'il y a dans la nature des caractères communs. Tout y existe, qu'on le remarque
bien; tout y est de tout point individuel. Si je regarde
deux surfaces également blanches, par exemple, deux
feuilles de papier encore intactes, de même forme et
de même dimension, je n'ai pas par là-même un caractère commun; je n'ai pas par là-même un universel. La couleur de la première feuille lui reste inhérente, lui appartient toujours, continue à faire partie
de son intégrité physique. Et il en est de même de la
couleur de la seconde feuille. J'ai beau considérer
ces deux objets; aussi longtemps que je les envisage
dans leur totalité concrète, les qualités que j'y per-

çois, restent toujours aussi distinctes, aussi nettement
inhérentes à leurs sujets qui sont distincts. Elles ne
s'identifient pas par elles-mêmes dans ma conscience
de manière à ne faire qu'une représentation. Si elles
deviennent pour moi quelque chose d'un, c'est en
vertu d'une élaboration que je fais subir à la réalité,
c'est en vertu de l'activité de mon intelligence.

Si cette analyse est fondée, s'il est vrai que la
réalité n'a pas de caractères communs par elle-
même, ne faudra-t-il pas admettre que les animaux
sont aussi bien que nous doués de la faculté d'abs-
traire, qu'entre l'homme et la bête il n'y a qu'une
différence accidentelle? Ce qu'on ne peut nier, c'est
que les animaux généralisent de quelque manière.
Les hirondelles ne font pas toujours leur nid avec la
même boue et les mêmes crins. Un chien sait reconnaître toutes les variétés de sa race : il se com-
porte à l'égard du Danois comme à l'égard du plus
petit roquet. Il n'est pas jusqu'aux micro-organis-
mes, jusqu'aux mono-cellulaires dont a récemment
parlé M. Binet, qui ne donnent quelques indices de
généralisation, car la nourriture qu'ils absorbent
n'est pas toujours absolument identique à elle-même.
Mais comment se fait la généralisation chez les animaux? Est-il certain que chez eux, comme chez
nous, elle soit le résultat d'une abstraction? Ne se
peut-il pas qu'elle tienne à des causes d'un ordre
absolument différent? Le propre de l'intellect actif,
avons nous dit, c'est de *découvrir*. Il abstrait et l'abs-

traction nous conduit du fait au possible, du possible, par une série d'hypothèses, à d'autres faits, A-t-on véritablement prouvé que tel soit le *processus* de la conscience animale? Nous ne le croyons pas. Aucune des nombreuses et délicates expériences qu'on a faites sur ce point, ne nous semblent décisive. Il en est même qui tendent à démontrer que l'animal est dépourvu de toute faculté d'invention. Voici ce que nous lisons dans M. Romanes [1] sur le sphex dont chacun connaît le talent chirurgical :
« Un sphex creuse un tunnel, s'envole et cherche sa
« proie qu'il rapporte paralysée par son dard jusqu'à
« l'orifice de son tunnel; mais avant d'y introduire
« sa proie, il y entre seul pour voir si tout est bien.
« Pendant que le sphex était dans son tunnel,
« M. Fabre éloigna un peu la proie; quand le sphex
« ressortit, il ne tarda pas à retrouver sa proie et
« l'apporta de nouveau jusqu'à l'orifice; mais alors
« il sentit de nouveau le besoin d'aller vérifier encore
« l'état du tunnel, vérifié à l'intant même, et aussi
« souvent que M. Fabre retira la proie, aussi souvent
« toute l'opération fut recommencée, de sorte que le
« malheureux sphex vérifia l'état de son tunnel qua-
« rante fois de suite. Quand M. Fabre enleva définiti-
« vement la proie, le sphex, au lieu de chercher une
« proie nouvelle et de se servir de son tunnel achevé,
« se sentit obligé de suivre la routine de son instinct.

---

1. Romanes, L'évolution mentale des animaux. P. 175 de la trad. fr.

« Avant de creuser un autre tunnel, il boucha com-
« plètement l'ancien, comme si tout était bien malgré
« qu'il fût entièrement inutile ne renfermant pas de
« proie pour les larves. » Il nous semble difficile de
surprendre plus clairement chez l'animal le manque
absolu de toute invention, le fonctionnement passif
et subi d'une sorte de mécanisme mental. Sir John
Lublock dans son travail intitulé *Fourmis, guêpes,
abeilles*, cite un autre fait qui a la même signification.
« Ayant laissé quelque temps, dit-il, un nid de
« fourmis sans nourriture, je mis du miel sur une
« petite planchette de bois, entourée d'un petit fossé
« de glycérine large d'un demi-pouce et profond
« d'environ 1/10ᵉ ; sur ce fossé je plaçai un pont de
« papier, dont une extrémité reposait sur la terre
« meuble. Cela fait, je mis une fourmi au miel et
« aussitôt une petite troupe se rassembla autour,
« mais sans pouvoir traverser; il ne leur vint pas à
« l'idée de faire soit un pont soit une digue à travers
« la glycérine, au moyen de la terre meuble que je
« leur avais donnée si à propos. Cela me surprit
« beaucoup, étant donnée toute l'ingéniosité avec
« laquelle elles se servent de la terre dans la cons-
« truction de leur nid. » [1] Trouve-t-on dans une expérience de cette nature la moindre trace de cette puissance d'abstraction dont nous constatons en nous le
perpétuel exercice et d'où la pression du besoin fait

1. Ed. franç. t. II, p. 11.

jaillir sans cesse quelque expédient nouveau? Ce qui
semble résulter le plus clairement des études nombreuses qu'on a entreprises de nos jours sur l'instinct
des animaux, c'est qu'ils ignorent l'universel, c'est
qu'ils n'ont pas d'intellect actif. Leur travail porte
toujours sur un même genre très restreint d'objets
dont l'extension ne s'accroît pas. S'ils généralisent
dans une certaine mesure, le fait tient sans doute à
ce que le même ordre de représentations, atteignant
pour ainsi dire leur conscience au même point, y
produit toujours le même sentiment, le même appétit,
la même série de mouvements.

Quoi qu'il en soit de la conscience des animaux,
ce que nous avons dit de la conscience humaine ne
s'en trouve pas ébranlé. Il reste vrai que non seulement nous constatons la réalisation de certains caractères en divers temps et divers lieux, mais encore que
nous nous faisons de ces mêmes caractères une seule et
même notion, où nous les voyons réalisables à l'infini,
dans tous les temps et tous les lieux. Il reste vrai que
l'empirisme n'explique ni cette possibilité logique
qui d'un coup s'élève jusqu'à l'absolu ni cet accroissement continu, mais toujours limité des cas déjà
constatés, que nous appelons universalité de fait.
Car cette seconde universalité ne peut s'étendre que
si la première existe déjà et se dresse devant l'intelligence comme un idéal à poursuivre. On peut toujours
soutenir qu'aussi longtemps que l'esprit s'arrête au
concret, il ne s'y produit aucune espèce d'universel;

car si l'universel convient à toute une classe, il n'en est pas moins un. Or, dans la conscience et dans la nature, avant toute élaboration mentale, les qualités les plus semblables sont encore distinctes. Par où l'on voit qu'en définitive l'empirisme n'a qu'une forme logique, *le nominalisme* qui ne supporte pas un instant de réflexion.

CHAPITRE III

L'EMPIRISME N'EXPLIQUE PAS LE NÉCESSAIRE

I

L'universalité ne trouve pas de place dans la théorie empiriste. Partant, la nécessité que nous appelons intrinsèque, ne s'y rencontre pas non plus; car ce genre de nécessité consiste en ce que l'idée ne puisse cesser d'être possible, c'est-à-dire universelle; elle n'est autre chose que la manière dont l'universalité se rapporte à l'idée. D'ailleurs, c'est là un point qui semble avoir entièrement échappé à l'attention des empiristes. Ils n'ont pas cherché ce qu'il signifie, parce qu'ils ne l'ont pas vu.

En revanche, les empiristes ont fait de nombreux efforts pour interpréter cet autre genre de nécessité qui constitue la liaison de nos idées et qui fonde la plupart de nos jugements. Suivons-les sur ce terrain et voyons jusqu'à quel point leurs hypothèses sont heureuses : cherchons s'ils expliquent mieux la nécessité de *rapport* que la nécessité *intrinsèque*.

On voit dès l'abord qu'une théorie qui ne dépasse

pas les limites du concret, peut difficilement contenir
la réponse du problème. Les idées, avons-nous dit,
ne sont pas les images. Nous les percevons dans les
images ou données empiriques ; mais elles en diffèrent. Les idées sont des termes à part et, par conséquent, forment un ordre de rapports à part. Toutefois,
ne nous contentons pas de déduire. La question porte
en elle-même le principe de sa solution. Essayons de
l'y découvrir.

D'après Herbert Spencer qui a donné à l'empirisme
sa dernière forme, deux représentations qui ne s'évoquent pas toujours l'une l'autre, qui ne sont pas encore dans un état parfait de cohésion, constituent
un souvenir. Deux représentations dont la première
conduit invariablement à la seconde, qui forment un
groupe indissoluble, constituent un principe. S'il se
rencontre en nous des associations encore chance-
lantes, et d'autres qui sont ou du moins paraissent
définitivement fixées, il faut en chercher la raison
dans l'expérience elle-même. Les premières se com-
posent de termes qui ne se présentent pas toujours
dans le même ordre. Les secondes sont l'effet de certaines énergies, qui, depuis que l'être conscient est
sorti de l'homogène, se manifestent toujours à lui
dans le même rapport de simultanéité ou de succession. Ces associations vont se consolidant sans cesse
pendant le cours entier des âges. Les représentations
qui les forment se sont enchaînées, rivées l'une à
l'autre. Contre l'œuvre de tous les siècles et de toutes

les générations nous ne pouvons rien et nous décla-
rons nécessairement lié ce que notre faible individualité ne saurait rompre. Pourquoi voyons-nous chaque chose sous la double forme de l'espace et du temps?
Parce que l'espace et le temps se sont toujours mê-
lés à tout ce que le genre humain a jamais imaginé
ou senti : Il en va de même de la causation qui ne
peut être que la succession invariable de certains phénomènes. Ainsi l'expérience suffit d'elle-même à élever en nous tout l'édifice de nos connaissances; elle
fait nos idées et leur liaisons.

Cette théorie a pour elle, comme beaucoup d'autres, le prestige fascinateur de la science. Mais qu'on
lui fasse subir le contrôle des faits, qu'on la mette à
l'épreuve de l'observation intérieure et l'on remar-
quera bien vite qu'elle est à la fois gratuite, incomplète, erronée.

S'agit-il de simples images, essaie-t-on par exemple
de répéter une formule apprise par cœur, l'attention
qu'exige une action de ce genre est à peu près nulle.
Elle devient de moins en moins nécessaire, à mesure
que la mémoire est plus sûre. Il se peut même que
son intervention soit nuisible. Il suffit parfois de penser à ce qu'on déclame pour que la chaîne des représentations se brise et que tout se dissipe. Veut-on comprendre, au contraire, est-il question de trouver une
vérité ou de la concevoir à nouveau, il y faut de la
réflexion. Rien n'avance que par là. La série des phénomènes ne se produit plus en nous sans nous. Elle

commence avec l'effort de la pensée, se développe et finit avec lui.

Ce n'est pas tout. Supposez qu'on fasse apprendre à un enfant quelques chapitres de géométrie, sans lui donner l'intelligence des théorèmes qu'ils contiennent, qu'arrivera-t-il ? Cet enfant sera capable de réciter les pages qu'il a gravées dans sa mémoire. Mais là s'arrêtera son pouvoir ; on aura beau le presser de questions, il n'ira pas plus loin. Qu'on vienne au contraire à lui démontrer les vérités dont il ne tient encore que l'écorce matérielle, aussitôt s'éveillera dans son esprit toute une série d'idées et de rapports d'idées que la simple intuition des figures ne lui révélait pas. Puis, s'il est supérieurement doué, si c'est un Pascal par exemple, il dépassera d'un bond la frontière des impressions acquises et s'en ira avec ce qu'il sait à la découverte d'idées qu'il n'avait jamais eues, qu'il n'avait encore trouvées ni dans l'expérience intérieure ni dans l'expérience extérieure.

Non seulement la série des idées ne se déroule pas automatiquement comme celle des images, non seulement elle nous emporte plus loin que la série des images ; mais encore elle nous permet de la contrôler, de l'intervertir. L'intelligence intervient de son chef dans le domaine de l'imagination, défait les groupes que le temps y a consolidés, pour en faire d'autres plus conformes à ses lois. A ne consulter que l'expérience, le soleil ne dépasse pas en grosseur une meule de moulin. Le raisonnement nous révèle que son volume vaut 1,300,000 fois celui de la terre. On a cru pendant de longs siècles, et sur la foi de l'expérience la plus invariable, que la terre était immobile au centre du monde, qu'il n'y avait pas, qu'il ne pouvait y avoir d'antipodes. Le raisonnement fondé sur l'observation, mais la dépassant de l'infini est venu nous apprendre que c'était une double erreur. La science est pleine de trouvailles de cette nature et plus elle grandit, plus elle s'affermit, plus aussi elle en accroît le nombre.

D'où viennent ces différences significatives? A quoi tient que nous assistons au déroulement des images, tandis que nous produisons le déroulement des idées? Pourquoi les images sont elles stériles, les idées fécondes? Comment pouvons nous à l'aide de nos idées contrôler l'ordre des images? Ces trois faits dérivent d'un autre fait, qu'on a perdu de vu, mais qu'on ne saurait contester : nous percevons le lien de nos idées, nous ne percevons pas celui des images. Si je vais de la pensée à l'idée d'être, à l'idée de conscience et de quelque objet qui termine cette conscience, c'est que la pensée enveloppe ces différentes choses dans son concept. De même, 2+3 évoquent en moi l'idée de cinq, parce que la somme de ces deux nombres donne nécessairement un autre nombre et rien qu'un, qu'on est convenu d'appeler cinq. Il existe entre mes idées comme une traînée de lumière qui me permet de passer de l'une à l'autre et de voir par où j'y passe. Et voilà comment je suis à même de découvrir non plus seulement par l'expérience, mais par l'analyse rationnelle de l'expérience, non plus seulement par voie de constatation, mais par voie de déduction. Voilà comment on a créé les sciences mathématiques et comment on les développe à chaque instant. C'est aussi sur l'intuition du lien des idées que se fonde nécessairement toute métaphysique. On s'élève au-dessus des faits en suivant avec attention la trame multiple et délicate des idées qu'ils contiennent ou qu'ils impliquent de quelque manière. Il en est tout autrement de l'ordre des images. Quand je prononce le nom de rose, l'image de l'une de ces fleurs s'éveille en moi, et réciproquement, si je vois une rose, je m'en rappelle le nom. Mais pourquoi cette évocation mutuelle? Je l'ignore ou si j'en sais quelque chose, c'est à l'aide d'hypothèses fondées sur de vagues et longues inductions. Je ne vois bien qu'une chose, la contiguïté d'une rose et de son nom. La raison pour laquelle le signe et l'objet s'appellent l'un l'autre, reste dans le domaine de l'inconscient. Aussi, qu'un beau jour la vue d'une rose vienne à ne plus m'en suggérer le nom, je ne trouve aucun moyen précis de la faire réapparaître. Je manque de fil conducteur pour aller d'une image à une autre image. Je n'invente pas avec de simples images.

Les empiristes dénaturent le vrai rapport du lien logique à la conscience. Ils en font un *inconnaissable;* son essence est d'être connu. Que devient, d'a-

près leur théorie, le caractère interne de ce lien? Le
témoignage formel, indiscutable de la conscience,
c'est qu'il est absolu, c'est qu'il n'y a ni temps ni lieu
où ce lien puisse changer. Ce fait, conserve-t-il
encore son caractère original, si l'on ne voit dans
l'idée qu'une simple image? Non. Sur ce point,
comme sur les autres, sur ce point fondamental
l'empirisme est en défaut. Qu'on allonge autant que
l'on voudra les périodes géologiques, qu'on multiplie
à plaisir le nombre des siècles qui nous séparent de
l'origine du monde, qu'on attribue au cours de la
nature la régularité la plus rigoureuse, on ne fera
jamais que deux phénomènes qui se sont une fois
produits dans un simple rapport de contiguïté, qui
n'ont entre eux d'autre relation que leur contact physique, acquièrent à la longue et par la seule force
de la durée une liaison véritablement nécessaire. Au
bout de cent millions d'années, ils seront comme au
début l'un à côté de l'autre, sans dériver l'un de
l'autre. Le temps ne faisant que répéter les mêmes
phénomènes dans le même ordre, ne suffit pas à
changer la simultanéité ou la succession en dépendance. Tout ce qui peut résulter d'une longue contiguïté de deux représentations, c'est une sorte de
soudure de plus en plus intime et cette solidarité
toute physique ne change de nature qu'aux yeux de
l'imagination. La raison n'y voit toujours qu'une
simple agglutination, qu'une *liaison* de fait.

On dira peut-être que le lien de nos idées n'est pas

une dépendance objective, qu'il le faut situer dans
l'ordre des tendances, non dans celui des représentations. On dira peut être que la nécessité logique
n'est autre chose qu'une habitude, qui a fini avec le
temps par devenir un besoin irrésistible, une sorte
de contrainte. Mais alors on se heurte à de nouvelles
difficultés. Tout d'abord, nous retombons par là dans
un système analogue à celui de Kant. Pour Herbert
Spencer, comme pour Kant, il y a des jugements qui
consistent en ce qu'étant données deux représentations en simple rapport de *fait*, nous nous sentions
forcés d'affirmer un rapport de *nécessité*. Pour Herbert Spencer, comme pour Kant, ces jugements se
complètent à l'aide d'une sorte de forme innée; chez
l'un et chez l'autre philosophe, il y a des jugements
synthétiques *a priori*. Entre leurs deux théories, il ne
reste guère qu'une différence. Herbert Spencer essaie
d'expliquer par l'expérience ancestrale l'élément
inné qu'il croit découvrir dans nos jugements rationnels; Kant se contente d'en affirmer l'existence.
Or, nous l'avons déjà mis en lumière, une interprétation de cette nature est de tous points contraire aux
données de l'observation. Ce n'est pas dans la région
de nos tendances, mais entre nos idées elles-mêmes,
que réside le lien de nos idées. Le lien de deux idées
ne consiste pas dans une impulsion subjective; c'est
un enveloppement de l'une par l'autre. Si j'affirme
que B dépend nécessairement de A, ce n'est pas en
vertu d'une contrainte aveugle. La contrainte d'affir-

mer est un fait dérivé. Elle vient d'une intuition.
J'affime que B ne se peut séparer de A, parce que B
est de l'essence de A, parce qu'il se trouve impliqué
dans le concept de A. J'affirme la nécessité, parce
que je la vois, et je la vois comme une dépendance
objective, comme une connexion essentielle des idées
dont je l'affime. Dire par conséquent que la nécessité
de *rapport* est une simple tendance, la rejeter dans
l'ordre des instincts, c'est méconnaître la place qu'elle
occupe dans la conscience, c'est changer la nature
des faits pour les assouplir aux besoins d'une théorie.
De plus, en commettant une si grave erreur, on ne
réussit pas mieux à expliquer le caractère absolu de
la nécessité logique. La contrainte physique et subjective sur laquelle on se rabat, est une nécessité
toute relative. Quelle que soit l'énergie d'une tendance, on conçoit toujours qu'elle pourrait ne pas
être. On imagine une force plus grande qui pourrait
la supprimer ou tout au moins en arrêter l'exercice.
Autre est la nécessité de *rapport*, que soutiennent
deux ou plusieurs idées. Cette nécessité ne peut ren-
contrer d'obstacle nulle part. Quand j'ai compris une
bonne fois que la surface d'un rectangle est égale au
produit de sa base par sa hauteur, je n'imagine plus
aucun temps, aucun pays, aucune hypothèse où cette
proposition puisse être fausse.

L'empirisme n'explique donc ni la manière dont
les idées se manifestent à la conscience, ni leur puissance inventive, ni l'intuition que nous avons du lien

qui les unit, ni le caractère absolu de ce même lien.
De quelque façon qu'on envisage la *nécessité* de rapport, qu'on l'étudie dans les faits qui la supposent,
dans ses relations avec l'esprit qui la perçoit ou dans
sa nature elle-même, ce système reste toujours à
court; et la raison de cette insuffisance universelle et
radicale, c'est qu'on n'y reconnaît pas à l'âme humaine la force de découvrir dans les images des
idées, dans les idées les rapports essentiels qui les
enchaînent les unes aux autres, c'est qu'on refuse à
notre entendement ce qui en fait le fond, à savoir la
puissance de s'élever du concret à l'abstrait, l'intellect actif.

En somme, l'empirisme n'est pas plus heureux que
l'innéisme. Il ne donne pas une interprétation plus
satisfaisante de l'abstrait, de l'universel, du nécessaire. Il n'explique pas mieux l'idée et pour la même
raison. On n'y trouve pas la notion de la véritable énergie de l'entendement humain. A quelque expédient
que l'on ait recours, aussi longtemps qu'on laissera les
impressions sensibles s'amortir et s'agglutiner dans la
conscience, on ne fera jamais que le concret s'élève
de lui-même au-dessus du concret, on ne fera jamais
que le concret cesse d'être individuel ou que le heurt
physique de ses éléments ne soit plus un rapport de
fait. Pour expliquer l'abstrait et par la même le possible, l'universel, le nécessaire, il faut accorder à
l'âme l'activité; il faut supposer dans cette activité
non seulement le pouvoir d'associer ou de dissocier

les éléments du concret, mais encore la force de saisir dans le concret la nature qui le constitue. La connaissance suprasensible reste tout entière à l'état de mystère, si l'on n'a pas recours à l'*intellect actif*.

Comment se fait-il qu'à notre époque on n'ait pas remarqué cette énergie inventrice de notre entendement ou que du moins on n'en ait pas vu le rôle capital? Il faut en chercher la cause principale dans le développement des sciences de la nature. A certains points de vue, ces sciences ont exercé sur la philosophie une influence heureuse; elles l'ont rappelée des rêveries métaphysiques à l'observation rigoureuse des faits. Mais on peut dire aussi qu'elles en ont faussé la méthode. A force d'étudier la nature, l'homme s'est oublié lui-même. On a voulu tout juger du dehors, même le dedans, lorsque c'est par le dedans que nous jugeons nécessairement de tout le reste. De là ces théories absolues, où l'on applique à l'esprit des lois qui n'ont d'autre fondement qu'un certain nombre de phénomènes matériels. De là cette vue scientifique d'après laquelle tout serait mouvement, y compris la pensée, et cette autre hypothèse plus générale d'Herbert Spencer, où tout ce qui compose l'univers, depuis le caillou jusqu'aux pensées d'un Pascal et d'un Newton, n'est que la différenciation d'une seule et même force physico-chimique. De là aussi cette notion vague ou cet oubli complet de ce qui fait l'essence même de la raison, à savoir cette énergie originale à l'aide de laquelle nous dégageons de l'individu la nature de l'individu.

Ce n'est pas à dire que l'observation extérieure n'ait aucune importance. Nous croyons au contraire qu'elle a rendu de grands service et qu'elle en rendra de plus grands encore. Entre l'esprit et la matière il y a des liens intimes. Tout fait de conscience réagit sur l'organisme. Tout fait organique réagit sur la conscience. Il n'est presque aucun phénomène humain qui ne relève de la physiologie aussi bien que de la psychologie. L'observation extérieure nous fait connaître du dehors ce que la conscience nous montre du dedans. Elle complète l'observation intérieure, mais elle ne peut devenir exclusive. Elle ne peut même prétendre au premier rôle. Car il faut aller en toutes choses du connu à l'inconnu, et ce que nous connaissons d'abord, ce que nous connaissons le mieux, c'est la conscience. De plus, la conscience est le moyen par lequel nous connaissons tout le reste. Aussi peut-on remarquer que la plus part des termes qui nous servent à désigner les phénomènes extérieurs, sont d'origine psychologique. Nous attribuons à la matière énergie, force, activité, parce que tout cela se trouve en nous.

TROISIÈME PARTIE

L'ACTIVITÉ DE L'INTELLECT EXPLIQUE L'IDÉE

CHAPITRE I

I

Jusqu'ici nous n'avons établi qu'un fait, la nécessité de recourir à l'activité de l'esprit pour expliquer la formation de l'idée. Mais qu'est-ce au juste que cette activité et comment joue-t-elle son rôle? C'est une question dont nous ne connaissons que le dehors. Il faut y entrer maintenant et tâcher de l'approfondir.

Indiquons d'abord la marche que nous voulons suivre. Nous ne partirons pas, comme Spinoza, du concept de substance, pour en déduire que toute idée est un mode de l'infini. Nous n'essaierons pas non plus d'établir avec Malebranche que Dieu seul est cause efficace, afin de montrer par là que c'est en lui que nous voyons toutes choses. Ces coups d'aile de l'esprit humain sont hardis, mais ne conduisent pas au but. Prendre le problème de la connaissance par son côté métaphysique, c'est aller du plus lointain au plus proche, de l'inconnu au connu, c'est procéder à rebours. De quelque sujet qu'on traite, il faut commencer par les faits; il sont en tout le premier objet de la pensée. Mais cette méthode s'impose avec plus de rigueur dans la question qui nous occupe. Le problème de la connaissance est d'ordre essentiellement psychologique. L'idée est un fait, l'acte par lequel nous la saisissons est un autre fait, et ces deux faits se produisent sous le regard de la conscience, qui les perçoit l'un et l'autre à la fois. Ils sont ce que nous avons en nous de plus présent, de plus intime à nous-mêmes et partant de plus nettement connu. Le moyen d'en découvrir et la nature et le rapport, c'est donc de les étudier sur le vif, c'est de se regarder penser. Pour savoir comment se forment les idées, il n'y a qu'un oracle à consulter, la conscience.

Ce n'est pas que nous ignorions les difficultés d'une telle méthode. Il n'en est pas des mouvements de l'âme comme du cours des astres. On ne mesure pas, on ne traduit pas en chiffres les phénomènes de la conscience. Par là-même, il y reste toujours quelque chose d'indécis et de flottant. L'observation intérieure s'exerce sur un domaine où l'on court sans cesse le risque de changer les proportions du réel ou de lui substituer l'imaginaire. Toutefois, ce sont là des obstacles, dont l'attention suffit d'ordinaire à triompher, quand on sait voir les choses d'un œil impartial. Chacun sent que pour le dedans, comme pour le dehors, il y a un moyen de distinguer le réel du fictif, la perception intime de la vérité. D'ailleurs, il reste toujours vrai que le terme immédiat de la con-

science, que la partie la plus claire de nos connaissances psychologiques, c'est ce que nous sentons, ce
que nous percevons en nous-mêmes. Il reste toujours
vrai qu'on n'a le droit de dépasser les faits qu'après
les avoir longuement et patiemment étudiés. Tout ce
qu'on tente en dehors de cette loi, tient du rêve, non
de la science.

Cette méthode n'est pas nouvelle, il est vrai. Tous
ceux, qui ont parlé de l'élément suprasensible de la
connaissance, l'ont appliquée dans une certaine mesure. Avant de chercher une explication à l'idée, il
faut bien en connaître quelque chose. Il est même des
philosophes qui ont poussé très loin l'observation
des phénomènes intellectuels. Aristote, saint Thomas, Leibnitz nous ont laissé sur cette matière des
analyses du plus grand prix, qui sont de vraies découvertes dans le monde psychologique, et dont il
faudra toujours partir toutes les fois qu'on touchera
au problème des idées. Mais nous croyons que ces
esprits se sont arrêtés trop tôt sur l'heureuse voie où
ils étaient entrés, pour se rabattre sur des hypothèses
métaphysiques qui dominaient le développement de
la pensée à leur époque. Nous croyons qu'en exami-
nant avec soin le jeu de la conscience, on peut préciser encore la notion de l'abstrait et celle de l'activité
qui le saisit et que de là doit jaillir quelque nouvelle
lumière. Toujours est-il très opportun, dans un temps
où l'on croit communément que tout se fait dans
l'esprit sans l'esprit, de montrer à la lumière de l'ex-

périence que le fond de l'intelligence humaine, c'est l'activité. — Voyons donc ce que peut nous apprendre l'analyse de l'idée et de l'acte par lequel nous la percevons.

II

On a souvent remarqué que l'idée est toujours accompagnée d'un phénomène empirique, d'une impression ou d'une image, que, par exemple, on ne conçoit pas le triangle, si l'on ne s'en figure un. Mais il nous semble qu'on n'a jamais étudié d'assez près et à l'aide de l'observation la nature intime du rapport que soutiennent entr'eux ces deux états de conscience : l'idée et le phénomène empirique. Commençons par faire la lumière sur ce point.

Ce que j'observe dès l'abord, c'est que le rapport de l'idée et du phénomène empirique présente un caractère absolument original, qui ne ressemble en rien à ce que je constate entre mes autres états de conscience. C'est une loi de mon esprit qu'une représentation une fois perçue produise en moi des émotions, ces émotions des désirs, ces désirs des mouvements. Mais, bien que déterminés l'un par l'autre, ces actes ont une existence à part; mes représentations sont réellement distinctes de mes émotions, mes émotions de mes désirs, mes désirs de mes mouvements. Il en va tout autrement de l'idée et du phé-

nomène empirique. Ce n'est pas seulement à l'occasion ou bien en vertu du phénomène empirique, que
l'idée s'éveille en moi. Elle s'y trouve tout entière
mêlée et comme répandue. Elle s'arrête où il s'arrête
et s'étend aussi loin que lui. Je l'y vois comme on
voit la lumière dans un prisme. Quelque effort
que je fasse, je ne puis la saisir qu'avec et dans
l'impression ou l'image qui l'évoque. Il y a donc
entre l'idée et le phénomène empirique une relation d'un ordre à part, plus intime que la succession, plus étroite que la causation elle-même. Mais
quelle est au juste la nature de ce rapport? En quoi
consiste cette compénétration singulière de l'idée et
du phénomène empirique? Pour nous en rendre
compte, interrogeons encore les faits.

Quand je considère la surface de ma table, j'ai conscience de produire à la fois deux actes distincts : l'un
que j'appelle *sensation*, l'autre que j'appelle *intellec-
tion*. Mais aussi j'ai conscience que ces deux actes
portent sur un seul et même objet. Il ne s'éveille pas
en moi deux phénomènes d'origine diverse : l'un qui
me vient du dehors, l'autre qui sort de je ne sais
quelle région cachée de ma conscience pour s'ajuster
au premier comme il peut. Non, il n'y a bien en face
de moi qu'un seul et même phénomène, la surface de
ma table. C'est vers cet objet une fois donné, que
convergent toutes mes puissances *cognitives;* c'est
cet objet que je saisis par la vue et par le toucher, si
je le veux. C'est aussi cet objet que je saisis par mon

intelligence. Je sens et je comprends une seule et
même chose, la surface de ma table. Ce fait m'appa-
rait avec netteté. En m'observant moi-même, je le
saisis sur le vif. J'ai beau chercher dans mon esprit,
j'ai beau recourir à tous les artifices de dissociation
dont ma raison dispose, je vois toujours que mon
idée de surface ou d'étendue n'est rien en dehors de
ma table ou que, si elle est encore quelque chose,
c'est parce que je la perçois dans une autre réalité
dont elle est le contenu.

Mais ce fait est d'une importance capitale. Il faut
le creuser encore et, par une analyse complète, le
mettre, s'il se peut, dans tout son jour. Il existe en
moi deux consciences : l'une par laquelle j'appréhende le concret, l'autre par laquelle j'appréhende
l'abstrait. Mais, comme Kant l'a bien fait voir, ces
deux consciences vont, je ne sais comment, se réunir
dans un même principe. Au sommet de l'esprit il y a
comme un œil dominateur, qui embrasse à la fois
dans son champ mes impressions, mes images, mes
idées, les actes par lesquels je les saisis ou les forme,
et les rapports variés à l'infini de toutes ces choses.
Or, si regardant par cet œil intérieur et unique de
mon esprit, je cherche à pénétrer ce qui se passe en
moi, pendant que je considère la surface de ma table,
qu'est-ce que je découvre? D'une part une représentation concrète, de l'autre une représentation abstraite, une idée, mais aussi le rapport de ces deux
choses. Or, si j'étudie ce rapport, je ne saisis point

l'étendue abstraite comme séparée de l'étendue physique de ma table, mais bien comme un élément ou
plutôt comme un point de vue de cette étendue. Quand
je concentre mon attention sur une partie réelle de
ma table, cette partie devient le fait dominant de ma
conscience; mais je ne cesse pas de voir le tout auquel elle appartient et le lien physique qui l'y rattache. Il en est de même de la surface de ma table,
vue toute seule, isolée des conditions de l'existence
effective. Au moment même où je la prends comme
détachée de son tout réel, je vois encore qu'elle s'y
rattache. Je constate d'une part la présence d'une
propriété concrète, existant dans un sujet concret et
ne pouvant exister qu'en lui. De l'autre, je m'appréhende moi-même appliquant mon énergie intellectuelle à cette propriété et la saisissant non plus en
tant quelle est inhérente à tel individu, mais en tant
qu'elle est telle chose plutôt que telle autre, étendue
plutôt que couleur ou son. C'est ce qu'Aristote
exprime avec une admirable précision au quatrième
livre du Traité de l'âme : « L'intelligence perçoit les
« idées dans les images. »

Mais on peut généraliser cette remarque. Notre
intellect n'a qu'une manière d'agir. Quoi qu'il appréhende, c'est toujours dans le domaine de l'expérience qu'il le trouve. Je ne sais plus ce que c'est que
penser, sentir et vouloir, quand je n'ai plus en moi-
même ou que je n'imagine plus ni pensée, ni émotion,
ni volition. Pour mes opérations intérieures aussi

8

bien que pour les impressions qui me viennent du dehors, il y a une conscience du concret, et c'est dans le concret une fois donné, que je perçois la notion générale, que je saisis l'abstrait. Nos idées les plus plus éloignées des réalités individuelles, celles qui semblent n'avoir de parenté ni avec le monde au milieu du quel nous nous mouvons, ni avec nos actes intérieurs, c'est dans ce monde ou en nous-mêmes, que nous les avons découvertes une première fois et que nous les retrouvons à chaque instant. « Je vou-« drais bien savoir, dit Leibnitz... comment nous pour-« rions avoir l'idée de l'être, si nous n'étions des êtres « nous-mêmes et ne trouvions ainsi l'être en nous [1] ».

L'idée de l'être parfait, que tant de philosophes ont cru ne pouvoir expliquer que par la métaphysique, ne fait pas exception à cette loi. Otons en ce qu'elle tient de l'expérience, ce qui lui vient de nous-mêmes ou des choses; il n'y reste plus qu'un vain assemblage de lettres. Que trouvons-nous en effet dans cette idée : 1° le concept de perfection; 2° un contenu logique, formé d'un certain nombre d'attributs dont nous avons quelque intelligence, comme l'unité, l'omni-science, la toute-puissance, la sainteté et d'autres attributs dont nous n'avons aucune notion précise; 3° la réunion de tout ces attributs dans un seul et même sujet? Or chacun de ces éléments qui consti-tuent l'idée de l'être parfait, vient plus ou moins

1. N. essais, L. I, c. I.

directement de l'expérience, est tiré de quelque réalité
concrète. Et d'abord, si je cherche dans la région de
l'abstrait le sens du mot de perfection, je m'aperçois
bien vite que je travaille dans le vide. Pour savoir ce
que je dis en prononçant ce terme, il faut que je
m'appuie sur un exemple, que je prenne pied quelque
part dans le domaine du concret. La perfection m'apparaît dans un mouvement qui va droit à son but,
dans une boule dont tous les points sont, au moins
pour mes sens, à la même distance d'un autre point
que j'appelle centre; la perfection, c'est l'état d'une
volonté dont la disposition et la conduite sont toujours conformes à l'ordre moral, c'est l'acte d'une
intelligence qui arrive à la pleine intuition d'une vérité. Elle consiste ou dans l'adaptation de moyens à
un but ou dans un arrangement harmonieux de propriétés, dont je trouve des exemples dans la vie. On
ne peut y voir qu'une sorte d'équation dont l'expérience nous fournit le type.

Si l'on hésite à reconnaître la justesse de cette définition, c'est qu'on a l'habitude de confondre le parfait avec l'infini. Mais au fond ce sont là deux idées
tout à fait différentes. Le parfait trouve toujours une
borne et par là même une manière d'être spéciale
dans la proportion des différents éléments qui le constituent. Ces éléments se limitent et se déterminent en
s'harmonisant, à peu près à la façon des corps qui
entrent dans une combinaison chimique. Il ont toujours une intensité fixe, s'il s'agit d'énergie, une

mesure donnée, s'il s'agit de quantité. C'est au contraire le propre de l'infini de n'avoir aucune limite et par là même aucune manière d'être qui soit celle-ci plutôt que celle-là. L'infini est essentiellement indéterminé. La conséquence, c'est que, si le parfait n'existe pas, il peut exister, tandis que loin d'être tout, comme on l'a dit, l'infini est frappé d'une impuissance radicale à être jamais quelque chose. Car l'indéterminé naît et disparaît avec la pensée qui le produit. Il n'est rien en dehors de la pensée. C'est ce que les Grecs paraissent avoir bien compris. Aussi n'avaient-ils qu'un terme pour désigner la cause première, en tant qu'elle réunit toutes les perfections dans son essence; ils l'appelaient l'être *achevé*, (τὸ τέλειον). Entre l'infini (τὸ ἄπειρον) et le parfait, ils ne connaissaient pas d'idée intermédiaire et de fait il n'y en a que pour l'imagination.

Le concept de perfection vient de l'expérience. Mais il n'y a là qu'un cadre vide. Ce cadre, nous essayons de le remplir; nous y mettons de l'être; Mais quel être? Nous disons que celui-là est parfait, qui est personnel, qui sait tout, qui peut tout ce qu'il sait; qui possède dans sa science adéquate de toutes choses l'idéal éternel de l'ordre moral et le suit infailliblement dans tous ses actes. Nous disons que l'être parfait est quelque chose de plus, s'il se trouve ou s'il se peut trouver dans la nature quelque chose de meilleur. Le parfait, tel que nous le concevons, réunit d'une certaine manière toute les perfections exis-

lantes et possibles. D'où vient ce contenu que nous
formons nous-mêmes sur l'idée de perfection prise
comme modèle? De l'expérience. Nous mettons en
Dieu la personnalité, parce nous la trouvons en nous-
mêmes et que nous n'imaginons rien de plus noble.
Nous y mettons l'omniscience, la toute-puissance, la
souveraine sainteté, parce que chacun de ces attributs
n'est autre chose qu'une qualité, dont la notion générale nous est fournie par le spectacle de notre
activité ou de l'activité des autres hommes, et que
notre concept de perfection nous a permis d'élever à
son plus haut degré. Il en est ainsi de tous les attributs divins dont nous avons quelque idée claire. Si
l'on en fait l'analyse, on trouve toujours qu'ils sont le
résultat d'un travail de l'esprit sur les données de
l'expérience. Quant aux autres, le concept que nous
en avons est négatif. Nous ne connaissons pas ce
qu'ils sont, mais seulement ce qu'ils ne sont pas.
Tout ce que nous en pouvons dire, c'est qu'ils diffèrent de ce que nous avons observé soit en nous soit en
dehors de nous, de telle sorte que le peu que nous en
savons vient encore de la réalité concrète.

Enfin, c'est aussi le travail de l'esprit sur les données empiriques qui réalise la troisième condition,
dont nous avons parlé, à savoir la réunion de la totalité des perfections dans un seul et même sujet.
D'une part en effet, nous venons de voir que nous
avons de cette totalité des perfections une connaissance en partie positive, en partie négative, qui dé-

rive tout entière de l'expérience. D'autre part, il
suffit de s'observer un instant pour voir que c'est de
la même source que nous tenons le concept de sujet.
Chacun de nous se sent un et identique sous la trame
complexe et changeante des phénomènes qu'il produit ou supporte. Chacun s'appréhende comme sujet
dans sa propre activité. Or le concept de sujet et
l'idée de la totalité des perfections une fois donnés,
il est naturel, qu'un jour ou l'autre nous arrivions à
les réunir. Le simple hazard suffirait peut-être à cette
découverte. Toujours est-il que la réflexion dont nous
sommes doués et qui s'exerce en nous sans relâche,
doit nous y conduire assez vite, d'autant plus vite
qu'en toutes choses nous cherchons l'unité et que
dans nos pensées aussi bien que dans nos actes nous
aspirons sans cesse au meilleur. Ainsi l'idée de l'être
parfait nous vient de l'expérience au même titre que
les autres, bien qu'en vertu d'un travail plus long et
plus compliqué de l'esprit. Tout ce que nous y voyons
de réel, est pris de quelque être individuel et concret.
Pour atteindre cet idéal suprême, l'intelligence ne
fait que combiner d'une certaine manière les notions
que lui a fournies l'observation de la nature. Elle y
découvre d'abord le concept de perfection; ce concept une fois acquis la met tout entière en branle;
c'est comme un levier secret et toujours agissant, au
moyen duquel elle s'élève jusqu'à l'absolu.

Ce n'est donc pas merveille, si nous ne pouvons
rien concevoir que nous ne sentions de quelque ma-

nière. Il ne faut pas s'étonner de ce que le sourd-muet
n'a pas l'idée de son et l'aveugle-né l'idée de couleur.
Tout ce que notre intellect perçoit se trouve enveloppé
d'une certaine façon dans nos propres actes ou dans
les phénomènes du monde extérieur. Il y a dans tout
individu quelque chose qui le rend tel, qui le range
dans une catégorie déterminée d'êtres et qu'on appelle
sa nature ou mieux son essence. Soit un homme par
exemple, Pierre ou Jean. Cet homme existe ; mais de
plus je remarque en lui un ensemble de caractères
qui le font ce qu'il est, homme plutôt que plante ou
caillou. Outre l'existence, il possède une certaine nature. Cette nature, prise à l'état isolé, chacune des
propriétés qui la constituent : voilà l'idée. L'idée n'est
autre chose que le contenu logique de la réalité concrète.

La réalité concrète enveloppe l'idée ; mais de quelle
manière ? Pour tirer cette question au clair, reprenons
notre analyse.

Lorsque je parcours des yeux les différentes parties
d'un tout donné, par exemple, les lettres qui constituent un mot, je trouve ces parties toute faites d'a-
vance. Pour les percevoir, je n'ai pour ainsi dire qu'à
me tourner de leur côté. Il en est de même des qualités
sensibles d'un objet quelconque. Bien qu'inhérentes
au même sujet, ces qualités sont distinctes par elles-
mêmes. Il existe entre elles une ligne réelle de démarcation. Le son n'est pas la couleur ; et parmi les couleurs, le blanc n'est pas le rouge. Ces différents

caractères des corps m'apparaissent tout formés. Autre
est le rapport de l'idée et de la réalité concrète. Le
manteau de ma cheminée est un fait; il existe. De
plus, il présente un certain nombre de caractères qui
existent aussi. Je remarque en particulier qu'il est
noir; mais cette qualité ne diffère pas de sa propre existence, comme la partie de la partie. Elle ne s'en distingue pas non plus comme de l'étendue où je la vois
et de la résistance que j'éprouve en pressant de la main
le sujet qui la supporte. Quand je considère la couleur
du marbre de ma cheminée, je la vois bien d'une part
comme *existante*, de l'autre en tant qu'elle est telle
qualité, en tant qu'elle est noire et non rouge ou blanche. Mais cette multiplicité ne se produit que pour et
par mon esprit. En réalité, la couleur et son existence
sont fondues l'une avec l'autre; elles ne font qu'une
seule et même chose, où tout est noir, où tout existe.
Cette identité réelle de l'existence et de la nature dans
la donnée concrète apparaît plus clairement encore,
si des phénomènes du monde extérieur on passe à
l'observation des faits psychologiques. Chacune de
mes volitions implique l'existence et quelque chose
de plus qui la fait telle plutôt que pensée ou sentiment. Mais, si je viens à considérer mon acte même
de volition, si je prends ma volition telle que je la
produis, à l'état natif, je n'y trouve point son existence d'une part, et son essence de l'autre; vues dans
le concret, ces deux choses ne font qu'un. Ma volition, c'est moi-même voulant. De quelque manière

que je l'envisage, je n'y découvre rien qui n'existe.
Voilà, nous semble-t-il, la vérité sur le rapport de
l'essence et du fait de l'existence, de l'idée et du phénomène empirique. Il suffit, pour la voir, de se prendre soi-même sur le vif. Chacune de nos opérations
intellectuelles nous permet de la constater. Nous y
voyons du même coup que ce qui est multiple dans
l'esprit est un dans les choses, que prises à l'état brut,
antérieurement à tout travail de la pensée, l'existence
et la nature des objets ne sont nullement distinctes,
et que par conséquent l'idée est contenue dans
le phénomène empirique, sans s'y trouver toute
faite. Si certains philosophes, comme Platon et les
réalistes du moyen âge, ont été d'une opinion différente, s'ils ont parlé de propriétés en soi, d'essences en
soi, d'idées subsistantes, c'est qu'ils ont cessé d'observer le concret, pour ne plus considérer que les résul-
tats du travail de l'esprit sur le concret. Ces philosophes se sont enfermés dans leur raison ; puis, ils ont
cru que le monde dissocié et amorti qu'ils y voyaient
était encore le monde réel.

C'est là une question que nous avons touchée à propos de l'innéisme. Mais il était bon d'y revenir et de
la mettre dans un nouveau jour, afin que chacun en
ait une claire intelligence ; car elle nous paraît d'une
importance capitale. On arrive à deux conceptions
métaphysiques tout à fait opposées, suivant qu'on la
tranche dans un sens ou dans un autre. Si l'essence
et l'existence ne sont que deux aspects de la même

réalité concrète, il n'y a que des ressemblances entre les individus. Tout au contraire, si l'essence et l'existence sont distinctes dans les objets comme dans notre esprit, tous les êtres sont identiques par quelque endroit. Je pense les mêmes choses que Dieu ; je jouis avec lui du même idéal ; je deviens immanent à Dieu. Bien plus, ma nature et la nature divine ont un seul et même fond ; car elles sont l'une et l'autre être, pensée, activité, volonté. Nous allons droit au monisme.

III

Mais revenons à notre sujet : si l'idée ne se trouve pas à l'état séparé dans les choses, il faut qu'un certain travail l'en fasse jaillir.

On fait usage pour les phares de lentilles à *échelons*. Au foyer de ces lentilles, du côté de leur face plane, on place une lampe à trois ou cinq mèches concentriques, qui donnent autant de lumière que quinze lampes Carcel. Les rayons émergents forment un faisceau parallèle, qui peut être visible à soixante et même à soixante-dix kilomètres. Se passe-t-il quelque chose d'analogue dans le monde de la pensée ? Notre esprit, incapable de s'élever par lui-même à l'intuition de la vérité, a-t-il aussi son phare et ses lentilles à échelons ? Existe-t-il dans notre intelligence, ou du moins au-dessus de notre intelligence, une sorte de lumière incréée et toujours active, qui projette ses rayons sur l'océan ténébreux de la réalité sensible et nous en découvre la profondeur et l'immensité? Le rôle de cette lumière spirituelle ne serait pas de comprendre; ce ne serait pas non plus de fournir à l'entendement son objet, mais seulement de le lui désigner. Elle marquerait la donnée empirique à l'endroit même où se trouve son essence. Ainsi la conscience rationnelle, c'est-à-dire cette partie de notre intelligence qui reçoit et perçoit l'idée, n'entrerait pas en exercice en vertu de la seule apparition de l'image ou de l'impression dans la conscience empirique. Il lui faudrait, pour passer à l'acte, une excitation d'un autre ordre. De même que la vue n'est attirée par les corps qu'autant que la lumière les a touchés et comme transformés, de même notre entendement ne se tournerait au phénomène sensible qu'autant que le soleil de l'immuable vérité l'aurait pénétré de ses rayons. L'intelligible en acte ne serait pas le concret, mais le concret illuminé d'un reflet divin. Et c'est là, croyons-nous, ce que pensait Aristote. Dans le Traité de l'âme, il prête à son Νοῦς ποιητικός tous les caractères que nous signalons. Il en fait un principe éternel, immuable, toujours en acte, dont la fonction est à fois d'éclairer l'image et de mouvoir l'entendement. Mais cette explication est-elle bien conforme aux données de la conscience?

Observons d'abord que la lumière intellectuelle

dont nous parlons, ne peut exister qu'elle ne soit connue par là même. Si elle agit sur l'image à la façon dont la lumière naturelle agit sur les corps, nous devons en avoir une certaine intuition. En voyant un prisme, on voit du même coup les rayons qui s'y jouent. Mais qu'on suppose à cette lumière le mode d'action que l'on voudra ; si son rôle est d'exciter la conscience rationnelle, il faut bien qu'elle l'atteigne de quelque manière, qu'elle l'informe et lui apparaisse. Or, de fait, il n'en est rien. Notre esprit, comme nous l'avons remarqué plus haut, est un par quelque endroit. Il existe en chacun de nous un œil unique et dominateur, par lequel nous voyons à la fois le concret et la nature du concret. Or, si je regarde par là, je ne découvre nulle part ce troisième facteur de l'idée, dont la fonction serait de précéder et d'exciter l'acte intellectuel. Quant je considère un triangle, je vois d'une part une représentation sensible à l'état nu, de l'autre des propriétés abstraites également à l'état nu, trois lignes, prises comme lignes, qui se coupent et toute une série de corollaires qui dérivent de cette donnée. Mais cette lumière intellectuelle, qui ne serait ni l'image, ni l'idée, ni l'acte même de la conscience rationnelle, je la cherche en vain. Non seulement je ne la trouve nulle part, mais encore, si je viens à préciser mes idées, je m'aperçois bien vite que je ne la puis voir que si mon esprit a, par lui-même, la force de saisir l'idée dans l'image. Cette lumière, en effet, prise à l'état natif, antérieurement à

toute élaboration mentale, ne peut être que du concret. Mais c'est un point auquel il faut donner un peu
plus de développement.

Il nous semble que nombre de philosophes se sont
quelque peu mépris sur la vraie nature de l'objet intellectuel. D'après saint Thomas d'Aquin et son école,
l'objet formel de l'entendement n'est pas l'abstrait,
mais le simple. Si l'abstrait est intelligible, c'est parce
qu'il est simple. Si la matière est inintelligible, c'est
parce qu'elle est composée. Ainsi l'individuel, le concret, *ut sic*, peut devenir le terme de l'acte intellectuel, pourvu qu'il soit simple de sa nature. C'est
pourquoi notre âme se comprend elle-même sans aucun travail préalable à son intuition rationnelle. Cette
manière de voir tient sans doute à ce que pour saint
Thomas, comme pour beaucoup d'autres scolastiques,
l'individuation était plutôt l'incarcération d'une essence dans une matière donnée que la réalisation in-
tégrale d'un être particulier. Dans un système dirigé
contre Averroës, ces philosophes conservaient à leur
insu des restes d'averroïsme. Mais, si on laisse de
côté toute préoccupation métaphysique pour ne plus
interroger que les faits, on est obligé de convenir
qu'il y a quelque chose d'inexact dans une semblable théorie. Un point sur lequel tout le monde est d'accord, c'est que l'intelligence a pour objet l'essence des
choses, c'est-à-dire leurs propriétés et les rapports
de leurs propriétés, pris en eux-mêmes, indépen-
damment de toute autre considération. Comprendre

une donnée concrète, c'est voir ce qu'elle est, non si elle est. Le fait de l'existence n'est rien à l'acte de l'entendement. Or les opérations de l'âme ne se présentent pas plus à l'état nu que les faits matériels. Qu'il s'agisse d'un phénomène étendu ou d'un phénomène psychique, d'une émotion, par exemple, nous voyons toujours que ces phénomènes offrent un aspect par lequel ils sont *telle nature* participable à l'indéfini, un autre en vertu duquel ils ont une existence incommunicable, et qu'en réalité ces deux choses n'en font qu'une. Dans les faits intérieurs aussi bien que dans les faits extérieurs, chez l'individu simple aussi bien que chez l'individu composé, l'essence n'est pas seule, elle n'existe pas non plus à l'état séparé. Elle ne peut donc être comprise qu'à condition de subir une certaine élaboration qui la dégage de son enveloppe empirique. En toutes choses l'intelligible, c'est l'abstrait. Mais s'il n'y a d'intelligible que l'abstrait, la lumière incréée à laquelle on fait appel, n'est pas intelligible par elle-même. En effet, si subtile et si simple qu'on la suppose, il faut qu'antérieurement à l'acte intellectuel qu'elle excite, elle soit quelque chose d'existant et par là même quelque chose de concret. L'abstrait ne subsiste pas, n'existe d'aucune manière, vu que, par définition, c'est une chose qu'on a dépouillé du fait de l'existence. La lumière intellectuelle est concrète, et, si telle est sa nature, l'esprit ne peut comprendre par elle qu'autant que par lui-même il peut déjà tout comprendre. La question n'a pas avancé.

On peut faire d'autres critiques à la même théorie. Comment cette lumière spirituelle qui rend tout intelligible, remplit-elle son rôle? En traçant dans le concret une sorte de délimitation entre sa nature et le fait de son existence. Mais comment cela? Le propre de la lumière n'est pas de créer des distinctions dans les objets; c'est seulement de manifester celles qui s'y rencontrent. Lorsque le soleil levant éclaire de ses rayons les cimes du Mont Blanc, il n'y produit pas de nouvelles aiguilles; il ne fait que révéler au voyageur ce qu'on y avait vu la veille. Mais, nous l'avons déjà observé, entre l'essence et l'existence il n'y a pas de démarcation réelle. Il n'est rien qui n'existe au sein du concret, son contenu logique n'y occupe pas une place à part; il s'étend à tout. On ne voit donc pas comment une lumière, de quelque nature qu'on la suppose, ou plutôt, et pour parler une langue plus psychologique, comment un principe intellectuel agissant à la façon de la lumière, pourrait tomber uniquement sur l'essence du phénomène empirique et la désigner à notre entendement. Mais admettons que ce fait soit possible; tout ne sera pas expliqué par là même. La nature du concret une fois illuminée n'en reste pas moins engagée dans le concret; car, si elle venait à s'en séparer, il y aurait un moment où elle n'existerait ni dans son sujet naturel ni dans l'esprit; elle se trouverait comme suspendue entre l'un et l'autre et s'anéantirait à l'instant. Mais aussi longtemps que l'essence tient au concret,

aussi longtemps qu'elle ne fait qu'une seule chose
avec l'existence, l'esprit a toujours le même travail à
fournir, il faut qu'il pénètre pour sa part dans le
phénomène empirique, qu'il en traverse l'écorce
sensible, qu'il y découvre son propre objet. Ainsi
la théorie de la lumière incréée, s'ajoutant à l'intelligence pour expliquer ses actes, paraît de plus en
plus insuffisante, à mesure qu'on l'étudie de plus
près. En somme, ce n'est guère qu'une métaphore.

Mais alors comment notre intelligence arrive-t-elle
jusqu'à la nature de la donnée empirique? Procède-
t-elle à la manière d'un artiste qui, pour dégager du
marbre la statue dont il a l'idéal, en fait voler les
éclats sous son ciseau? Notre entendement est-il
d'abord activité et ensuite conscience? Ou bien y
aurait-il dans la partie représentative de l'esprit une
sorte de structure innée, dont la fonction serait de
tamiser pour ainsi dire le phénomène empirique,
d'en retrancher les conditions de l'existence et de ne
laisser parvenir jusqu'à la conscience rationnelle
qu'un résidu informe, sans couleur et sans vie, qui
serait l'idée.

Cette explication peut sembler ingénieuse; mais
en fait, elle n'est pas mieux fondée que la précédente. On y suppose que l'abstrait se détache réellement du phénomène empirique et se pose à l'état
indépendant. Or nous avons vu en parlant de l'innéisme que tel n'est pas le rapport de l'abstrait et du
concret. C'est dans le phénomène empirique lui-

même, la conscience nous l'atteste clairement, que nous percevons son essence. L'abstrait n'est autre chose que le concret considéré sous l'un de ses aspects, à l'exclusion de tous les autres. Il y a plus : non seulement la nature ou essence ne se sépare pas de son tout empirique pour se faire idée, mais il est absolument impossible qu'elle s'en sépare. Dire, en effet, qu'elle s'isole véritablement du concret et avant d'être forme de l'entendement, c'est supposer qu'elle se soutient d'elle-même, qu'elle existe encore. Mais elle est par définition ce qui n'existe pas, ce qui n'a plus que l'aptitude à l'existence.

Reste une hypothèse, c'est que la conscience rationnelle aille droit à l'essence, parce que le fait n'est rien pour elle. Et de vrai, voilà ce qu'on peut constater sur le vif, si l'on s'observe soi-même. Quand je considère le mouvement d'une locomotive, je le vois d'une part dans sa réalité concrète et de l'autre je me rends compte que je saisis directement ce qu'il est. Mon intelligence ne rencontre pas d'obstacle qu'il lui faille écarter de sa route. Elle ne trouve pas non plus le concret tout élaboré d'avance par une force étrangère, ses conditions individuantes d'un côté et sa nature de l'autre. Le phénomène empirique reste vierge jusqu'à ce qu'elle y touche et, quand elle y touche, elle n'y prend que son bien ; elle n'en saisit que l'essence, parce qu'elle ignore tout le reste, parce qu'elle est le sens des propriétés et de leurs rapports, comme la vue est le sens de la couleur et l'ouïe celui

9

du son. La brume légère qui s'élève à la surface du
sol par un matin de printemps, n'arrête pas l'essor
de l'aigle. Il la dépasse d'un coup d'aile et va planer
dans l'azur. Il en est de même de notre intelligence :
elle traverse la région du sensible, sans s'y embar-
rasser, son vol l'emporte plus loin.

Ce commerce direct de l'intelligence avec la nature
du sensible semble avoir été reconnu par saint
Thomas d'Aquin.

Dans son traité de *La vérité*, le saint docteur se
pose l'objection suivante : « Si l'intelligence doit ses
« idées au sensible, la seule raison du fait, c'est que
« l'espèce qui lui vient du sensible meut l'intellect
« possible. Mais une espèce de cet ordre n'est pas de
« nature à mouvoir l'intellect possible. En effet, elle
« ne le meut pas, aussi longtemps qu'elle réside dans
« l'imagination ; car alors elle n'est pas intelligible en
« acte, mais seulement en puissance. De même, elle
« ne meut pas l'intellect possible de l'intellect agent
« lui-même ; car l'intellect agent ne reçoit pas d'es-
« pèce. S'il en recevait, il ne différerait pas de l'in-
« tellect possible. Elle ne meut pas davantage l'intel-
« lect possible, lorsqu'elle s'y trouve déjà ; car une
« forme inhérente à son sujet, ne le meut pas ; elle
« ne fait qu'y stationner d'une certaine manière. Ce
« n'est pas non plus que les espèces intelligibles
« existent d'elles-mêmes ; car elles ne sont pas des
« substances ; elles sont de l'ordre des accidents,
« comme le dit Avicenne dans sa Métaphysique

« (L. III, c. viii). Il ne se peut donc d'aucune façon
« que notre intelligence reçoive ses idées du sen-
« sible [1] ».

La difficulté est pressante et nettement formulée.
Or voici comment saint Thomas y répond. Il admet
l'impossibilité des différentes hypothèses qu'elle renferme et trouve une explication nouvelle qui revient
à celle que les faits eux-mêmes nous ont imposée.
« Il faut, dit-il, répondre à l'objection septième que
« dans l'acte par lequel l'intellect possible reçoit les
« espèces des choses, les images jouent le rôle d'agent
« instrumental et secondaire, et l'intellect actif le
« rôle d'agent principal et premier. De là vient que le
« résultat de leur action reste dans l'intellect possible
« à la manière de l'un et de l'autre, non à la manière
« de l'un d'entre eux seulement. De là vient que c'est
« de l'intellect actif que l'intellect possible tient l'in-
« telligibilité de ses formes, et de la connaissance des
« images qu'il tient leur ressemblance à des objets
« déterminés. Ainsi les formes intelligibles en acte
« *n'existent d'elles-mêmes* ni dans l'imagination ni
« dans l'intellect actif; *elles existent seulement dans*
« *l'intellect possible* ». Si les formes intelligibles n'existent que dans l'intellect possible, il faut bien qu'il n'y
ait aucune élaboration préalable dont l'effet soit de
les mettre à nu. Il faut bien que la même conscience
qui les reçoit, aille aussi les chercher dans le sein de

---

1. Saint Thomas. *De veritate*, *quæst.* X, art. VI.

la réalité concrète. Il faut qu'il y ait dans l'esprit humain un sens de l'abstrait, comme il y a un sens spécial pour chacune des propriétés de la matière.

Mais cette interprétation de l'acte intellectuel fait naître une objection qu'il faut résoudre. Elle suppose que l'idée ne se sépare pas du phénomène empirique, que nous la percevons nécessairement dans une image ou dans une impression. Or il semble qu'il en soit autrement, au moins pour les mathématiques. On raisonne en mathématiques avec de simples formules, sans recourir à des exemples tirés de l'expérience ; tout s'y passe dans l'abstrait et cependant on réussit par cette méthode à découvrir des faits, à pénétrer les secrets de la nature. a et b peuvent représenter des lignes ou d'autres grandeurs déterminées. Mais, quand je combine ces lettres dans une équation, ces grandeurs déterminées ne sont pas présentes à mon esprit ; il n'y a dans mon imagination que a et b ; si tel est le fait, il faut bien que certaines idées subsistent en dehors de tout phénomène empirique ; autrement, je raisonnerais avec des mots. Pour répondre à cette difficulté, recourons encore à l'analyse. Remarquons d'abord qu'il y a dans les procédés du mathématicien quelque chose de mécanique, qui lui permet jusqu'à un certain point de raisonner sans penser les choses dont il raisonne. Le mathématicien s'empare d'une formule, fait un certain nombre de changements de signe, de déplacements ou de réductions de termes, et ces transformations toute matériel-

les une fois achevées, la réponse demandée en sort
comme des rouages d'une machine. Si le mathématicien peut dans un certain sens raisonner avec des formules, ce n'est pas que ces formules suffisent d'elles-
mêmes à soutenir les idées ; c'est qu'elles le conduisent
à une solution sans idées. Toutefois, hâtons-nous de le
dire, la science du mathématicien ne se réduit pas à un
ensemble de procédés mécaniques mécaniquement
appliqués. Non, toutes ses démonstrations se fondent
sur ses idées. Pour trouver ses problèmes, pour poser
ses équations et même pour les traiter, il faut qu'il connaisse les nombres, leurs propriétés, leurs rapports,
qu'il sache ce que signifient unité, quantité, grandeur,
égalité, proportion et beaucoup d'autres termes du
même ordre. Sans cela, il ne posera pas de formules ;
ou, s'il en pose, elles resteront stériles. Mais ces idées
fondamentales et directrices de sa science, où les
trouve-t-il? Ont-elles dans les lettres qui les expriment leur support suffisant ou bien résident-elles
dans quelque donnée empirique plus ou moin clairement présente à la conscience? Là est le nœud de la
question, et il faut y répondre, comme nous l'avons
déjà fait. L'idée est un aspect du phénomène empirique, le contenu logique du concret vu dans le concret. Que le mathématicien veuille bien analyser
lui-même ses opérations mentales, qu'il se fasse psy-
chologue pour la circonstance, et il verra que les
mots se lient dans un ordre parallèle à l'ordre des
idées et que très-souvent il ne fait que suivre anneau

par anneau cette chaîne de signes matériels que le
temps et la patience ont formée dans sa mémoire.
Que le mathématicien s'observe, et il verra qu'à mesure qu'il abandonne les mots pour les idées, il rentre
aussi par là même dans le domaine de l'expérience,
qu'en définitive il ne sait bien ce que signifient unité,
multiplicité, équation, qu'en se figurant quelque objet
un, quelque tout multiple, des choses égales. Pour le
mathématicien, comme pour le philosophe, il n'y a
qu'une loi : L'idée est dans le phénomène empirique ;
on ne pense qu'à condition de l'y voir.

Dégageons maintenant de l'analyse que nous venons de faire les conséquences qu'elle enveloppe.
Nous avons établi les quatre faits suivants : 1° l'idée
se trouve contenue dans le concret sans en être un
élément concret ; c'est la nature du phénomène
empirique, considérée en soi, c'est-à-dire à l'exclusion du fait de l'existence, de tout degré de grandeur ou d'intensité, à l'exclusion de toute condition
individuante ; 2° cette nature ne se trouve pas dans
le concret à l'état isolé, elle y fait une seule et même
chose avec l'existence ; 3° elle ne s'en distingue
pas non plus sous l'action d'une sorte de lumière intellectuelle qui l'atteindrait toute seule ; elle n'en est
séparée ni par une énergie inconsciente dont l'exercice précéderait l'acte même de la conscience rationnelle, ni par une sorte de moule inné dont le rôle
serait de la débarrasser de ses scories empiriques. Il
n'y a là que des figures, dont on cherche en vain la

signification psychologique. 4° C'est l'intelligence
elle-même en tant que conscience, qui du premier
coup et sans action préalable d'aucune sorte entre en
communion avec la nature du concret. Elle ne trouve
pas d'entrave à son effort, parce que pour elle rien
n'existe que cela, parce qu'elle n'a d'yeux que pour la
vérité. Ce sont là, disons-nous, *des faits*, c'est-à-dire
des données que nous n'avons point conquises à la
pointe d'un argument, mais que nous a fournies l'observation. Or de ces faits découle la conclusion à
laquelle nous voulons aboutir. Étant du concret, sans
être le concret ou l'une de ses parties, l'idée est abstraite au sens rigoureux du terme. Elle appartient au
concret et ne peut s'en séparer; elle n'existe que sous
le regard de l'esprit qui la voit. Elle est essentiellement le produit de l'activité mentale. Il y a dans notre
conscience rationnelle elle-même une *faculté d'analyse* qui, le phénomène empirique une fois donné,
sait en discerner la nature en l'y laissant.

CHAPITRE II

I

Notre esprit est doué d'une certaine puissance d'analyse d'un ordre spécial, qui part du concret, mais le dépasse, qui pénètre jusqu'à sa nature et la prend à part pour la voir en elle-même, à l'exclusion de toute autre considération. L'activité de l'intelligence explique l'abstrait. Mais l'idée n'est pas seulement abstraite. Comme nous l'avons déjà vu, elle revêt dans l'entendement un caractère qui paraît encore plus original et plus éloigné des êtres individuels. L'idée est quelque chose d'*un* qui convient d'une certaine manière à une multitude indéfinie d'individus, qui peut se réaliser dans tous les temps et tous les lieux et autant de fois qu'on le voudra. L'idée est *universelle*. D'où vient ce caractère? Nous avons passé du concret à l'abstrait; comment passer de l'abstrait à l'universel?

Y a-t-il dans tous les individus d'une classe une seule et même nature dont chacun d'eux n'est qu'une

modification? Est-ce la même humanité qui a servi à
tous les hommes du passé, qui sert à tous les hommes
du présent, qui servira à tous les hommes de l'avenir? En va-t-il de la nature comme d'un habile
pianiste qui du même clavier sait tirer un nombre
indéfini de notes et d'harmonies? De fait, c'était l'o-
pinion de Platon lui-même; aux yeux de ce philosophe, la substance du monde était la pensée, qui se
dédouble en deux termes coéternels et essentiellement unis : l'idée et l'âme qui la contemple ou la
conscience. C'est aussi ce qu'admirent les réalistes du
moyen âge et plus tard Hegel. Mais cette interprétation est-elle fondée en raison? Nous ne le pensons
pas. Elle ne pourrait l'être qu'autant que dans le concret lui-même l'essence se trouverait d'une part, et le
fait de l'existence d'une autre. Mais, nous avons eu
déjà l'occasion de le remarquer, une pareille distinction est absolument fictive. Quand je considère un
objet étendu, par exemple, le mur de ma chambre,
j'ai conscience d'un fait unique, d'une réalité indivisible, d'une seule et même donnée où tout est nature
et tout existence. De plus, lorsque je laisse intervenir
mon intelligence, je me rends compte de l'élaboration
qu'elle fait subir au concret, et cette élaboration ne
consiste pas à y créer des parties réelles, mais seulement à saisir l'un de ses aspects à l'exclusion de tout
autre. Après comme avant mon acte intellectuel, l'essence et l'existence du concret ne sont qu'un. Il n'y a
pas d'abstrait et par là-même pas de nature en soi

dans les choses. L'hypothèse d'après laquelle tous les êtres sont identiques dans la mesure où ils sont semblables, ne peut tenir qu'aux yeux d'une métaphysique insouciante des faits. C'est un rêve qui ne dure qu'aussi longtemps qu'on se borne à consulter ses idées, à disséquer l'abstrait. L'illusion tombe, dès qu'on met l'idée en face du phénomène empirique; on voit alors et du premier coup que la nature à l'état pur est quelque chose d'abstrait et qu'il n'y a de l'abstrait que dans notre esprit.

Il n'existe pas d'universel dans la nature: tout y est particulier. D'autre part, nous savons que l'universel n'est pas un concept inné. Il ne se trouve donc tout fait ni dans les choses ni dans l'esprit. Par conséquent, il ne peut être que le résultat d'une certaine élaboration mentale. Mais de quelle élaboration? Il y a deux éléments dans l'universel : une nature abstraite, qui par le fait même de son état d'abstraction, n'appartient plus à tel individu, et un rapport de cette même nature à toute une classe d'individus; Le premier de ces deux éléments, nous l'avons déjà, et nous savons qu'il vient du travail de l'esprit sur les données de l'expérience. Reste à déterminer le rapport qu'une nature donnée doit acquérir avec l'existence pour devenir universelle. Quel est donc ce rapport? Faut-il y voir une simple ressemblance entre une idée et les objets où cette idée se trouve réalisée? Consisterait-il en ce que l'abstrait est un type unique de ce que l'observation nous a montré dans un nombre donné d'individus? J'ai remarqué que certains cristaux ont une forme héxagonale. De ce caractère s'est fait en mon esprit une représentation abstraite, que j'étends à tous les cristaux que j'ai vus? Est-ce là l'universel? Non. Ce que nous cherchons, c'est le procédé par lequel l'esprit passe de la nature abstraite à la possibilité pour cette même nature de se réaliser à l'infini : ce que nous voulons expliquer, c'est l'universalité de droit. Or la ressemblance d'une idée, d'un caractère ou d'un groupe de caractères perçue par l'intelligence avec un certain nombre d'êtres concrets, ne donne, d'une part, qu'une universalité *de fait;* et de l'autre, il n'existe aucun moyen d'ôter toute limite à cette universalité, de la porter jusqu'à l'absolu. Car, quel que soit le nombre des cas observés, ce nombre sera toujours restreint et ne garantira nullement la possibilité d'autres cas. Avec la théorie de la ressemblance, nous retournons à l'empirisme.

Pour résoudre la question, il faut remarquer que toute nature, que toute propriété enveloppe une certaine aptitude à l'existence. S'il en était autrement, s'il y avait contradiction entre ces deux choses, l'expérience ne les aurait jamais réunies dans un même être. Mais si *A*, par exemple, est une fois apte à l'existence, il le sera nécessairement une seconde, une troisième fois et ainsi à l'indéfini, car la même raison subsiste toujours. Une même hypothèse a toujours les mêmes conséquences. Si $2 + 3$ font aujourd'hui cinq, il ne se peut que par un beau jour ils vien-

nent à faire six. Il y a donc dans toute essence ou
nature une aptitude indéfinie à l'existence. Et voilà
l'universalité. Mais, s'il en est ainsi, l'activité mentale suffit à nous conduire de l'abstrait à l'universel,
comme elle suffit à nous élever du concret à l'abstrait;
car dans toute opération intellectuelle, nous avons
d'une part une essence, de l'autre le concept d'existence, et de plus le rapport de ces deux choses.

Maine de Biran dit quelque part : « L'analyse qui se
« fait par l'attention jointe à l'imagination ne peut
« faire ressortir des sensations ou des images que des
« éléments sensibles de même nature que les composés
« qui seuls peuvent être dits renfermés en eux comme
« des parties dans le tout. Cette sorte d'analyse s'ar-
« rêtant là où toute image s'évanouit, ne saurait at-
« teindre aucune des *idées abstraites universelles* que
« le métaphysicien et le géomètre considèrent chacun
« dans le point de vue qui lui est propre [1]. » Ces paroles portent avec force contre le système de philosophie
où l'on reconnaît tout au plus à la conscience humaine cette activité de réflexion dont fait preuve un
sanglier poursuivi par les chasseurs. Ces paroles sont
vraies, si l'esprit ne peut dans ses analyses s'élever
au-dessus du concret. Elles restent également irréfu-
tables, si l'on donne à l'universel un sens métaphysique, si l'on en fait une entité qui existe véritablement et telle que nous la percevons, soit dans les réa-

[1]. Fond. de la psch. Part. II, sect. IV, système réflexif c. IV.

lités qui nous environnent, soit dans un autre être plus éloigné de nos sens, plus intimement présent à notre raison. Mais il se trouve que de ces deux théories, l'une est incomplète et l'autre erronée. Nous constatons d'une part au sommet de l'esprit une puissance d'analyse plus subtile que les agents chimiques, plus subtile même que nos sens dont chacun sait discerner, dans l'ensemble des propriétés matérielles, la part qui lui revient; nous voyons à la lumière de l'observation que le fond de notre intelligence, c'est la force de percevoir l'abstrait dans le concret. D'autre part, il se rencontre que l'universel n'existe en nature ni dans l'esprit ni dans les choses, qu'il n'est en définitive qu'une manière de comparer l'abstrait au concret. Et dès lors tout change de face. Nous portons en nous-mêmes la puissance de faire nos idées aussi bien que celle de les déduire. Nous entrons en possession de l'abstrait; et de l'abstrait à l'universel, il n'y a qu'un pas.

CHAPITRE III

I

Il nous reste à parler de la nécessité. Il y a d'abord, comme nous l'avons vu plus haut, une sorte de nécessité, qui consiste en ce que chacune de nos idées soit éternellement supposable et que nous appelons *intrinsèque*. De celle-là nous n'avons que quelques mots à dire. Elle a son fondement dans l'universalité elle-même. Elle en est un corollaire immédiat ou plutôt un aspect. On ne conçoit pas en effet qu'une chose qui est de sa nature apte à l'existence, puisse un seul instant cesser de l'être. On ne conçoit pas qu'une convenance logique une fois donnée vienne à ne plus se produire, les termes étant de nouveau mis en présence. Bossuet a dit : « qu'un moment rien ne soit, éternellement rien ne sera ». On peut dire avec le même droit : qu'une chose un moment possible, éternellement elle le sera.

II

L'esprit est doué d'une puissance d'analyse, en vertu de laquelle il s'élève de l'universalité à la nécessité intrinsèque : Il l'invente. En est-il de même de la nécessité *de rapport?* Cette question demande un peu plus de détails. Pour la traiter avec bonheur, il faut d'abord délimiter le domaine de la nécessité. On l'a trop élargi ; on a voulu tout ramener à la nécessité dans l'esprit et dans les choses, afin de tout ramener à l'unité et l'on s'est vu contraint de recourir à des théories erronées, pour expliquer des rapports logiques que la conscience dément. Parcourons nos différents ordres de connaissances et cherchons avec soin où se trouve la vraie nécessité, où elle ne se trouve pas.

En mathématiques, il n'y a place que pour la nécessité. Si j'affirme que dans tout triangle la somme des angles est égale à deux droits, ce n'est pas pour l'avoir constaté à différentes reprises, un rapporteur à la main. Si je conclus que dans une équation quelconque le produit des extrêmes est égal au produit des moyens, ce n'est pas pour l'avoir toujours vu ou éprouvé. En mathématiques, nous saisissions quelque chose de plus que nos idées ; nous percevons leurs rapports et ces rapports sont absolus. Une figure géométrique une fois donnée, mon entendement s'élève de lui-même aux idées qu'elle contient, et voit dans

ces idées une connexion qui ne peut être que ce quelle
est. Je passe de l'égalité des angles correspondants à
celle des angles alternes-internes, de l'égalité des angles alternes-internes, à celle des angles alternes-
externes, parce que je vois entre toutes ces choses
une relation nécessaire. Et il en va de même de toutes
les vérités mathématiques. L'esprit y prend pied dans
l'expérience et monte à l'infini dans le ciel de l'idéal,
conduit par la lumière éternelle des idées.

On peut dire aussi, bien que pour un motif un peu
différent, que tout est nécessaire en métaphysique. La
métaphysique n'a pour objet ni les faits ni les lois des
faits ; car tout cela relève du monde phénoménal. Au
sens précis du mot, la métaphysique est la science
de la substance. Or comment connaissons-nous la
substance? Dire que nous la voyons à l'état nu, c'est
un rêve ; car tout agit dans la nature, en nous et en
dehors de nous. Tout s'enveloppe d'activité. La substance à l'état nu ne peut être que le produit d'une élaboration mentale, un extrait de quelque autre donnée
qu'elle-même. D'autre part, atteignons-nous la substance dans son activité? il est bien difficile de s'en
rendre compte. Tout dépend de la nature du mode.
Il s'agit de savoir si le mode n'est que la substance
elle-même dans tel état ou si c'est une réalité qui s'en
distingue, bien qu'elle en dérive. Il s'agit de discerner
si le mode n'est que l'être de la substance ou s'il a
son être à lui. Or sur cette question les philosophes
ont toujours été divisés et l'on ne voit aucun moyen

de les mettre d'accord. Le problème n'a pas de solution. Pour le résoudre, il faudrait pénétrer une bonne
fois au-delà du mode, aller jusqu'à la substance elle-
même, en devenir pour ainsi dire la conscience et voir
comment elle produit. Mais un voyage de cette nature
dans le pays des Noumènes est plus difficile que ne
l'était le retour des enfers pour le pieux Enée. Entre
la substance et notre conscience il y aura toujours
une barrière infranchissable. Les objets extérieurs de-
meurent séparés de nous et par leurs propres mani-
festations et par les impressions subjectives qui nous
les font connaître. Notre propre sujet est plus près de
nous ; mais il reste vrai que nous ne le connaissons
que dans ses actes. De quelque substance qu'il s'a-
gisse, il arrive toujours que le mode qui nous la
révèle, est aussi le voile qui nous la cache. Mais,
si nous n'avons aucune intuition de la substance, si
nous ne la saisissons ni en elle-même ni dans ses
modes, quel moyen de l'atteindre ? nous pouvons d'a-
bord, en remontant des faits à leur cause, nous former de cette cause une certaine idée. Puis, nous pouvons analyser cette idée, en développer le contenu,
comme nous le faisons des concepts mathématiques
eux-mêmes. C'est ainsi qu'on a toujours remonté des
phénomènes du monde à l'existence d'une cause première, d'une cause qui ne dépend plus d'aucune autre,
qui porte en elle-même la raison de son être, et que,
ce concept une fois acquis, on en a toujours inféré
qu'il implique nécessité, immutabilité, éternité. C'est

ainsi que Platon lui-même observe dans son Phédon
que l'âme vit dans un commerce intime et perpétuel
avec les idées, qu'elle est de la famille de la vérité, et
que, ce fait observé, il essaie d'en conclure que l'âme
doit avoir quelque part au sort de la vérité, qu'elle doit
être immortelle. Mais ces deux procédés très impar-
faits sont les seuls que nous puissions appliquer à
l'étude de la sublance; là est la limite de notre esprit.
Par conséquent passer de l'effet à la cause et déduire,
c'est toute la métaphysique. Or il n'y a que du nécessaire dans ces deux opérations.

En va-t-il ainsi de la science de la nature? Peut-on
soutenir que dans la science de la nature, aussi bien
qu'en mathématiques et en métaphysique, tous les
groupes d'idées présentent un caractère apodictique?
Un fait certain, c'est qu'il y a dans cet ordre de connaissances certaines liaisons d'idées, qui sont vrai-
ment nécessaires. Telles sont celles qui se fondent
sur une *relation causale* entre deux cas. Si l'on a
une fois constaté que sous la pression de l'atmosphère
une colonne de mercure s'élève dans un tube vide à
0 mètre 76 cent., il faut bien que, toutes les fois que
l'atmosphère et le mercure se seront replacés dans
les mêmes conditions, le même effet se produise.

Mais ces cas de causation sont beaucoup plus rares
qu'on ne le pense d'ordinaire. Malgré l'application la
plus minutieuse des règles de Bacon, malgré la perfection des instruments dont on dispose à l'heure
actuelle et l'attention scrupuleuse avec laquelle on

s'en sert, il arrive souvent que la nature déjoue nos calculs et nous fait prendre pour la cause ce qui n'en est que l'accompagnement. On croit avoir démontré, par exemple, que la cause du son est un mouvement et l'on en donne cette preuve que, lorsqu'on perçoit un son, on observe des vibrations dans le corps qui le produit. Mais qui nous dit que ces vibrations que saisit le tact ou la vue, sont aussi ce qui affecte l'ouïe? Pourquoi ne verrait-on pas dans les ondulations que subit une cloche au contract de son marteau un mode parallèle à la cause de notre sensation auditive? Serait-ce que le son ne signifie plus rien, quand on le projette hors de la conscience? Mais c'est là une manière de voir qui n'a pour elle que l'autorité de l'habitude. Si le son, je ne dis pas le sentiment du son, peut être un mode de notre nature, pourquoi ne serait-il pas aussi un mode des choses? La même observation s'applique à la théorie moderne de la lumière. Rien ne prouve qu'il n'y ait pas dans les corps quelque chose de spécial qui correspond à nos impressions lumineuses et que le mouvement ne fait qu'accompagner. Il est même très naturel de penser qu'il en est ainsi; car pourquoi ne se trouverait-il pas dans la matière un objet pour la vue, comme il s'en trouve un pour chacun des autres sens?

Nous voyons des relations causales où la nature n'en a pas mis, et par là même nous étendons outre mesure le champ de la nécessité. De plus, dans les

relations causales qui sont réelles, tout n'est pas
absolu, comme nous sommes portés à le croire. Il y
reste d'ordinaire une part assez large à la contingence.
La réalité est complexe : elle a des ressorts cachés
que n'atteignent ni nos sens ni nos instruments ; et
très souvent c'est au jeu de ces ressorts invisibles que
tient le fait qu'il s'agit d'expliquer. Qu'ils viennent
un beau jour à manquer, les apparences pourront
rester les mêmes, et pourtant l'effet qu'on disait
nécessaire, ne se produira plus. Il y a dans le fer une
propriété qui le rend attaquable par l'oxygène de
l'air ; mais cette propriété, nous ne la voyons pas, nous
ne saurions non plus la déduire de ce que nous
voyons. Il se pourrait donc que le groupe de qualités
sensibles que nous appelons du fer se trouvât en contact avec l'air, sans qu'il en résultât de la rouille. Et
les cas de ce genre sont nombreux. La plupart du
temps, nous ne faisons qu'approcher de la cause des
phénomènes à expliquer ; nous jugeons de sa présence par un certain ensemble de caractères qni l'entourent d'ordinaire, mais dont nous ne pouvons dire
s'ils soutiennent avec elle un rapport apodictique.

Tout n'est pas nécessité dans les rapports nécessaires que nous révèle la science de la nature. Il y a plus :
dans la plupart de ses investigations, cette science
n'aboutit qu'à la contingence. Tout d'abord, elle renferme nombre de lois qui ne reposent que sur la *concomitance habituelle* de certains phénomènes. Soit, par
exemple, la célèbre loi des corrélations organiques,

que Cuvier résumait en ces termes : « Tout être orga-
nisé forme un ensemble, un système clos, dont toutes
les parties se correspondent naturellement et concou-
rent à une même action définitive par une réaction
réciproque. » Que trouve-t-on là de nécessaire? Qui
m'assure que chez un animal donné les instincts
seront toujours en rapport avec les mâchoires, les
mâchoires avec les griffes, les griffes avec les dents?
Comment établir surtout qu'il existe entre ces choses
une liaison qui ne peut pas ne pas être? Tout ce que
je sais, c'est que dans l'état actuel et depuis des siècles ainsi va le cours de la nature. Mais le passé ne
répond pas de l'avenir. Des faits observés, si nombreux qu'on les suppose, ne garantissent pas d'autres
faits. Il est vrai que la concomitance perpétuelle
et surtout l'adaptation réciproque de certains caractères peuvent m'autoriser à conclure qu'il y a finalité
dans le monde, qu'il existe quelque part une intelligence qui travaille d'après un plan déterminé, et que
partant il y a des chances pour que tout ne change
pas subitement et comme par caprice. Mais tout cela
ne prouve qu'une liaison de fait. Et encore cette liaison de fait est-elle assez précaire. Qui sait si la puissance invisible qui meut le monde, n'en viendra pas,
pour une raison de nous inconnue, à modifier l'ordre
qu'elle a une fois établi? Il en est de même, si l'on
passe des phénomènes extérieurs à la psycologie
expérimentale, qui n'est qu'un chapitre de l'histoire
naturelle. Notre volonté meut notre corps, sans que

nous puissions dire comment. Nous ne savons pas au
juste si l'intelligence suppose la sensation, la sensation
un certain organisme. Nous ne savons pas davantage
si la faculté de se représenter les objets enveloppe le
sentiment, et le sentiment l'appétit. De bon nombre de
phénomènes psychologiques nous ne pouvons affirmer
qu'une chose, c'est qu'ils se déroulent dans un certain
ordre qui est toujours le même. Il n'y a pas une géométrie du *moi*.

Outre les lois qui expriment le rapport des phénomènes entre eux, il en est qui formulent le rapport
des phénomènes à un sujet commun; et celles-là,
pour avoir une apparence plus rigoureuse, n'en sont
pas moins contingentes. Quand je dis : tout animal
est vivant, sensible, capable de mouvements sponta-
nés, se nourrit, croît, se propage, vieillit, dépérit et
meurt, je n'énonce rien d'apodictique. Pour qu'il y
eût quelque chose d'apodictique dans cette suite de
qualités, il me faudrait apercevoir une dépendance
essentielle entre chacune d'elles et le sujet commun
auquel je les rapporte. Il n'en est rien; mon rôle se
borne à généraliser des relations dont j'ignore la
nature. De même, quand j'affirme que tout être raisonnable est doué de volonté et de liberté, ce n'est
pas en vertu d'une intuition du rapport essentiel
qu'ont ces choses. Ce rapport, je ne le connais pas ;
je ne sais pas au juste si le concept de raison enveloppe volonté et liberté. Tout ce que je puis faire,
c'est d'énoncer sous une forme abstraite ce que la na-

ture a groupé dans mon âme et chez mes semblables.

Cette remarque ne s'applique pas seulement à certaines lois de détail. Elle s'étend aux principes les plus élevés de la science de la nature, à ces axiômes dominants et directeurs, sans lesquels le chimiste et le physicien ne peuvent faire un seul pas : je veux parler de la permanence de la quantité matérielle et de la conservation de la force. Il y a toujours dans le monde, dit-on, la même quantité matérielle, et l'on donne ce principe pour apodictique. Mais où a-t-on vu qu'il en est bien ainsi? Qui a jamais pénétré assez avant dans la substance corporelle pour y voir qu'il est de son essence de garder à jamais tout l'être qui la constitue? Et si ce n'est pas du sujet même de la matière qu'on a déduit la permanence de la quantité matérielle, d'où l'a-t-on conclue? De l'expérience? Mais l'expérience n'est pas allé et ne peut aller si loin. Moindre est sa portée. Tout ce qu'on a prouvé jusque-là et encore d'une façon très-approximative, c'est la permanence du poids. Mais qui nous assure que la quantité matérielle est toujours et nécessairement proportionnelle au poids? De plus, supposons que tel soit le fait, qui nous en garantira la nécessité? On en est au même point pour le principe de la conservation de la force. On ne l'a pas démontré par voie de déduction et l'expérience est impuissante par elle-même à nous en révéler le caractère apodictique. Si l'on venait à constater que les différentes énergies qui s'exercent dans l'univers, ne font que passer de la puissance à l'acte, de l'acte à la puissance, sans jamais rien perdre de leur être, il faudrait encore prouver qu'il n'en peut être autrement. Et c'est là un genre de preuve que ne peuvent fonder ni l'observation ni l'expérimentation. Rien ne se crée, dit-on, car de rien rien. Mais ici on passe de la science à la métaphysique et à une métaphysique très sujette à caution. Où a-t-on pris qu'il n'existe pas une puissance infinie et qu'une puissance infinie ne peut, par un acte de sa volonté souveraine, produire quelque chose de nouveau, lorsque nous voyons sans cesse en nous et en dehors de nous de mystérieux indices qu'il y a quelque part une énergie de ce genre? Tout se meut dans l'univers; tout semble s'occuper à passer de la puissance à l'acte. Or l'acte est nécessairement plus que la puissance. Tout acte est un accroissement d'être, implique quelque chose de nouveau et partant suppose dans le sein du monde une force première et créatrice, qui travaille sans relâche à rendre son œuvre plus active et plus parfaite.

Nous aboutissons donc à trois conclusions : 1° Tout est nécessité en mathématiques; 2° tout est nécessité en métaphysique; 3° il n'y a de nécessaire dans la science de la nature que les liaisons d'idées qui enveloppent une relation causale, et ces liaisons sont rares. Ainsi, ce n'est pas seulement le vulgaire, c'est aussi le savant qui reste empirique dans les trois quarts de ses actions. Et si l'on cherche à quoi tient cette différence, si l'on veut savoir comment il se

fait que certaines idées ont entre elles un rapport
nécessaire et d'autres un rapport empirique, on en
peut fournir deux explications.

D'abord, il se peut qu'il y ait réellement du contingent dans la constitution des êtres. Ils se peut que
certains touts concrets soient composés de pièces sé-
parables. Mais, quoi qu'il en soit de cette vue métaphysique, la question peut se résoudre psychologi-
quement. La nature du rapport de nos idées vient
de la manière dont notre esprit saisit les choses. Si
nous voyons clair en mathématiques, si notre intelligence y perçoit la nature de ce qu'elle abstrait, c'est
qu'elles ont pour objet la quantité et que la quantité
n'est que la superficie des choses. La science du calcul
n'est que l'art de combiner des unités et l'unité est
un être considéré en tant qu'il se distingue des autres ; c'est ce qu'un être a de plus extérieur. Les éléments de la géométrie sont le point, la ligne, la surface.
Or ce sont là des termes de l'étendue. On en connaît
cela ou l'on n'en connaît rien. La causalité nous fait
entrer dans l'intérieur de l'être ; pour en avoir une
idée adéquate, il faudrait aller jusqu'au fond de la
substance, jusqu'à la substance première, voir comment l'énergie sort du sein de la divinité. Mais pris
en lui-même, considéré dans ce que tout le monde
en sait, ce principe ne nous conduit pas si loin. Il ne
suppose que la connaissance des phénomènes et de ce
qu'il y a de plus général et de moins profond dans
les phénomènes. Tout y dérive de l'idée de commen-

cement, quelle que soit d'ailleurs la nature de ce qui
commence. Il est donc naturel que, percevant les
phénomènes, nous ayons quelque intelligence de ce
principe. Si des faits, pris en tant qu'ils commencent
et par là-même en tant qu'ils supposent quelqu'autre chose qui les explique, nous passons à la qualité
des faits, nous avançons d'un pas dans la constitution intime de la réalité. Mais aussi, tout commence
à s'environner d'ombre et les reliefs s'effacent. Nous
n'avons plus que des notions indistinctes et confuses :
son, lumière et couleur, pensée, sentiment, appétit et
volition, sont choses que nous sentons bien plus que
nous ne les concevons. Notre esprit les abstrait et les
généralise, sans les comprendre; il en est comme de
notre œil qui ne saisit les objets qu'en gros. Et de là
vient notre impuissance à trouver des liaisons nécessaires dans l'ordre de la qualité. Nous n'en pénétrons
pas la nature, nous n'en distinguons pas les éléments.
Enfin, quand nous allons de la qualité des faits à la
cause qui les explique et pour en connaître l'essence,
tout moyen direct d'établir des rapports nous fait défaut, parce que toute intuition nous abandonne. Nous
n'avons plus qu'une lumière réfractée qui nous vient
des faits eux-mêmes. Nous ne voyons plus; nous
concluons de ce que nous voyons, de même qu'aux
feux de l'aurore on pressent l'approche du soleil.
Ainsi l'intuition des *liaisons nécessaires* diminue à
mesure qu'on va de la quantité au concept général
de causalité, du concept général de causalité à la

qualité du fait causé, de là à l'essence de la cause, à
la substance; parce que l'intuition des termes de ces
liaisons et la pénétration de l'être par la conscience
se dégradent dans le même ordre. Nous voyons
moins nettement à mesure que nous allons du dehors
au dedans des choses, à mesure aussi que nous allons
du général au particulier, du simple au complexe.
Et c'est parce que telle est notre manière naturelle de
voir que les mathématiques ont fait des progrès si
rapides et si sûrs, que les sciences d'observation
seront toujours réduites, dans la plupart des cas, à
des généralisations provisoires ou du moins empiriques, qu'en métaphysique on n'a guère que des approximations.

Nous savons maintenant où se trouve la nécessité
et de là deux avantages : d'abord, nous ne sommes
plus exposés à mettre la nécessité où de fait elle n'est
pas; et par là-même nous ne risquons plus de nous
heurter à des difficultés de convention comme celles
où se jette Kant, en prenant pour apodictique la permanence de la quantité matérielle, en faisant de la
causalité le lien rationnel de la succession. De plus,
tout en écartant les cas fictifs, nous nous sommes
avancés vers la solution des cas réels. L'analyse que
nous avons faite, nous met à même de préciser la
nature de la nécessité, et de sa nature à son origine
logique le chemin n'est pas long.

III

Il existe des cas réels de nécessité. Or, si l'on se reporte aux considérations que nous venons de développer, on voit assez vite que ces cas se ramènent à deux types. Il y a une nécessité qui est la manière dont les propriétés d'un sujet logique se rapportent à ce sujet. Telle est la nécessité mathématique. La définition de la sphère une fois connue, j'y découvre toute une série de corollaires qui ne peuvent s'en séparer et tiennent de plus ou moins près à son essence. J'y vois, par exemple, que toute section faite dans la sphère par un plan est un cercle, que deux cercles tracés à sa surface et à la même distance du centre sont égaux, que tout grand cercle la divise en deux parties égales. Telle est aussi la nécessité métaphysique que nous révèle l'analyse de la substance psychique ou de l'être premier, lorsque la régression des faits à la cause nous en a une fois fourni les concepts. Il y a de plus une nécessité d'un ordre très différent, où l'on ne va plus du tout à ses parties, d'une chose donnée à ce que cette chose renferme comme l'un de ses éléments ou comme une propriété de l'un de ses éléments, mais où l'on conclut de la présence d'un fait à l'existence de quelque autre chose qui n'est enfermé dans ce fait ni comme son élément ni comme un caractère de l'un de ses éléments, qui s'y rattache

sans lui appartenir. Outre la nécessité d'inhérence logique il y a la nécessité causale; et c'est à un lien de
cette nature que se réduit tout ce qu'il y a d'apodictique dans les sciences naturelles et dans cette partie
de la métaphysique où l'on remonte des faits à la
substance.

Mais ces deux sortes de nécessités sont-elles totalement hétérogènes, essentiellement irréductibles l'une
à l'autre? N'y a-t-il pas un point par lequel elles
s'identifient? Pour tirer la question au clair, voyons
au juste en quoi chacune d'elles consiste;

« J'affirme d'une ligne droite, dit Kant, qu'elle
« est le plus court chemin d'un point à un autre et
« cependant le concept de droit n'enveloppe nulle-
« ment l'idée de court qui se rapporte à la quantité;
« il n'exprime que la qualité. » Mais il importe ici
de ne pas confondre deux idées très différentes. Ce
que je vois clairement, c'est que le concept général de droit n'enveloppe aucune idée quantitative,
c'est que ce concept ne signifie pas autre chose que
conformité à une règle donnée. Mais il ne s'agit pas
dans l'exemple cité du droit pris en général, de
la notion la plus abstraite du droit; il est seulement
question du droit mathématique. La difficulté consiste
donc à savoir si j'ai le concept du droit mathématique et si ce concept enveloppe la quantité; or ce
sont là deux faits de conscience. Si, lorsque je considère une ligne droite, on vient me dire que je n'ai
pas proprement le concept de droit mathématique,

mais que ce que j'appelle de ce nom, c'est l'union de
deux éléments distincts, du concept général de droit
et d'une intuition donnée, j'imagine de mon mieux
ce que l'on veut signifier par là ; mais je ne réussis
point à le concevoir. Cet amalgame d'un abstrait tout
fait d'avance et d'un concret à l'état brut m'est in-
compréhensible. Le fait que me révèle l'observation,
c'est qu'une droite, une fois donnée soit dans mon
imagination soit sur un tableau, je la puis voir non
seulement dans sa totalité concrète, mais aussi séparément de son sujet réel, séparément de ses dimensions déterminées, en tant qu'elle est ligne et telle
ligne, droite plutôt que courbe. Ce point est d'une
évidence qui s'impose. La manie, si longtemps do-
minante en philosophie, de tout résoudre par l'*apriori*,
peut seul expliquer qu'on en ait jusqu'à nos jours
méconnu l'autorité. Nous avons le concept du droit
mathématique, comme nous avons celui du droit
moral, du droit juridique, et ce concept n'est pas
composé de deux pièces dont l'une vient du dedans,
l'autre du dehors. Il est pris tout entier de l'expérience ; c'est la nature du concret perçue dans le concret lui-même. Mais, si tel est le concept du droit mathématique, si ce concept n'est que la réalité vue
d'une certaine façon, il enveloppe la quantité et l'on
peut y voir l'idée de court ; il en est de même de
l'exemple tant de fois cité : $5 + 7 = 12$. Ici, comme
tout à l'heure, Kant fonde son raisonnement sur une
équivoque. Il veut à tout prix faire du concept de quan-

tité un *a priori* et former toute idée d'un nombre donné par l'application de ce concept *a priori* à une intuition sensible; mais encore une fois, une telle interprétation de l'acte intellectuel est en contradiction flagrante avec l'observation. Je ne vois le nombre que dans une série d'éléments empiriques et comme une face particulière de ces éléments. Le nombre est une série d'objets donnés vus en tant qu'ils se distinguent les uns des autres et sous ce rapport seulement. De plus il est manifestement faux que 5 + 7 ne donnent pas un résultat déterminé, qui est celui-ci plutôt que celui-là. Ce que je ne connais pas encore en analysant le sujet du jugement en question, c'est que le nombre auquel j'aboutis par cette analyse s'appelle douze; et la raison en est simple. Tout mot est un signe arbitraire et je puis exprimer la même chose par différents termes suivant la langue dont je me sers. Mais quiconque se donnera la peine de réfléchir verra bien que de l'addition des deux nombres 5 et 7 résulte une somme qui est toujours nécessairement la même. Qui dit 12 dit 5 + 7 en un mot. Et il ne faut rien de plus que ces quelques remarques pour établir qu'en mathématiques les liaisons d'idées sont essentiellement analytiques, que leur caractère propre, comme le bon sens de l'humanité l'a toujours reconnu, c'est de se ramener à l'évidence.

La nécessité d'*inhérence* présente le même caractère en métaphysique. Lorsque j'affirme de l'être parfait qu'il est à la fois éternel, immuable, omniscient, tout-puissant, je vois comment tous ces attributs se rattachent à leur sujet commun. L'idée du parfait enveloppe de sa nature tout ce qu'il y a de positif dans l'être, toutes les qualités qui n'impliquent pas de défaut : de telle sorte que lui refuser une seule de ces qualités, c'est diminuer son contenu essentiel, la détruire elle-même, l'affirmer d'un côté et la nier de l'autre.

Passons à ce fameux principe de causalité qui a fait le tourment de la pensée moderne, dont Hume nous a laissé une analyse à la fois si originale et si pénétrante, qui a suggéré à Kant sa théorie du jugement synthétique et dont les difficultés préoccupent encore tous les vrais philosophes. Est-il bien établi que ce principe soit une pièce à part dans l'édifice de nos connaissances? Ne peut-on pas y trouver un point par lequel il se ramène à l'analyse? Ne reposerait-il pas sur l'évidence comme tout le reste? Un fait certain, c'est que le principe de causalité n'est pas évident à la manière d'une vérité mathématique. Tout n'y est pas clarté. Il ressemble à la colonne de feu, qui précédait les Hébreux dans le désert. Il est ombre et lumière. D'abord, nous concevons la cause comme une énergie qui se déploie. Mais l'énergie, nous ne la trouvons qu'en nous-mêmes. Le sens extérieur qui semble nous en donner l'intuition, le sens de la résistance, ne nous la donne pas de fait. Il nous apprend qu'il y a un

non-moi qui s'oppose à notre activité sans nous
révéler ce qui produit cette opposition. La résistance est un mode de notre être. Ainsi, quand nous
attribuons l'énergie aux corps qui nous environnent,
nous prêtons à la nature entière ce que nous ne
sentons qu'en nous, nous prenons notre âme pour
le type de l'univers, nous étendons à tous les êtres
ce qui tient à la nature d'un seul. Nous faisons une
induction où notre esprit peut trouver son plaisir,
mais qui ne nous apprend rien de net et de sûr
sur la causalité du monde extérieur. Là n'est pas le
fond du mystère. Qui dit cause dit un être qui va
de la puissance à l'acte. C'est évidemment vrai du
cas où l'effet produit est un mode immanent; c'est
aussi vrai du cas où l'effet devient extérieur à sa
cause. Car il ne peut y avoir changement au dehors
qu'autant qu'il y a changement au dedans. Une
chose ne peut en modifier une autre que si elle se
modifie elle-même, que si elle passe elle-même de
la puissance à l'acte. Le question est donc de savoir
comment se fait un tel passage. Or ce point fondamental est enveloppé de ténèbres que rien ne peut
dissiper. Si l'on suppose que chaque être porte en
lui-même la force de passer de la puissance à l'acte,
ou met l'inintelligible partout. Car un être qui va
par lui-même de la puissance à l'acte, tire de son
propre fond quelque chose de nouveau, s'élève du
non-être à l'être, du moins au plus : ce que nous ne
comprenons pas. Si l'on admet au contraire que cha-

11

que chose est mue par une autre, a par b, b par c...,
on ne peut remonter ainsi à l'indéfini; il faut qu'on
s'arrête à un premier être que rien n'ébranle du
dehors et qui donne le branle à tout le reste; car la
série des mouvements cosmiques est réelle et partant
finie. L'indéfini n'est ni ce qui a été ni ce qui est,
mais seulement ce qui peut être. Dès lors la question
se réduit à savoir comment ce premier moteur auquel
on suspend la chaîne des phénomènes, peut exercer
son rôle; et le mystère reparaît tout entier. Se pro-
nonce-t-on pour Aristote, fait-on du premier moteur
un acte pur, essentiellement immuable, parce qu'il
est la plénitude de l'activité. Dans ce cas, on n'explique pas le changement, on n'explique pas le passage
de la puissance à l'acte; car on a beau syllogiser, on
a beau mettre son esprit à la torture pour en tirer des
distinctions de plus en plus subtiles, il reste toujours
clair qu'il ne se produit de changement en dehors de
la cause que s'il s'en produit dans la cause elle-
même, qu'un changement qui sort un beau jour du
sein de l'immuable vient du néant, est un effet sans
cause. Si l'être premier est éternellement immobile,
il y a par là-même éternelle immobilité dans la nature
entière; c'est Parménide qui a raison. L'acte pur
n'explique pas le passage de la puissance à l'acte; il
est trop énergie pour être cause. D'autre part, si l'on
admet que le premier moteur se modifie lui-même,
afin de modifier tout le reste, si l'on y introduit la
puissance, comment peut-il en sortir? Nos principes

rationnels sont universels dans ce qu'ils ont de clair.
Partant, pour l'être premier comme pour tout le reste,
s'élever soi-même de la puissance à l'acte, c'est poser
un commencement absolu, aller par ce qui n'est pas
à ce qui est, tirer le moins du plus : ce qui nous
ramène à l'inintelligibilité déjà constatée. Il est vrai
que nous portons en nous-mêmes une énergie de ce
genre. Chacun de nous se sent libre, chacun de nous
a conscience de produire un effort en partie créateur
par lequel il s'arrache à ses penchants pour suivre le
devoir, et cela, c'est proprement passer de la puissance à l'acte. Mais ce fait qui se répète si souvent
en nous-mêmes et qui est la marque de notre personnalité, ce fait est sans contredit ce qu'il y a de plus
mystérieux dans toute la nature; de telle sorte qu'il
ne peut nullement servir à nous faire concevoir la
liberté du premier moteur. Ainsi, de quelque manière que nous envisagions la causalité en tant que
passage de la puissance à l'acte, elle résiste toujours
aux prises de notre entendement. L'acte pur ne peut
être cause ; la seule cause est l'être libre, et la liberté
ne se comprend pas.

Mais ces obscurités ne portent que sur la manière
dont la substance produit son acte. Cet acte, pris
en lui-même, nous le voyons, bien que son origine
soit ténébreuse, et c'est là le point lumineux dont
il faut partir. Or, en partant de ce point, ne peut-on
pas établir que la causalité se réduit à l'évidence,
aussi bien que les autres principes?

La question se pose sous cette forme : ce qui commence suppose-t-il nécessairement une cause ? Lui
donner une solution affirmative, c'est faire jaillir du
concept de ce qui commence l'idée d'une autre chose
qui l'explique. Partant, tout se ramène à l'analyse du
concept de commencement. Or cette analyse, il nous
semble qu'on ne l'a pas épuisée, bien qu'on l'ait
poussée très-loin. On a clairement établi qu'un fait qui
commence enveloppe deux éléments distincts : 1° une
réalité de telle espèce ; 2° un rapport de cette réalité
à un moment antérieur du temps où elle n'était
pas ; et l'on a justement observé que ni l'un ni l'autre de ces deux éléments n'implique l'idée de cause.
Le premier est quelque chose d'absolu, le second une
pure succession. Mais là n'est pas tout le contenu
logique d'une chose qui commence. Outre une réalité d'une certaine nature et le rapport de cette réalité
à un temps antérieur, ce contenu enveloppe un troisième élément que l'influence du phénoménisme
fait oublier, mais qui est capital. Entre l'instant où
un être se trouve achevé et l'instant qui précède immédiatement son apparition se produit un mouvement
qui va du moins au plus et qui est la formation même
de cet être. Ce qui commence se *pose*, se *fait*. Et là
se révèle le point décisif. Là gît véritablement le lien
causal. Le chercher ailleurs, c'est perdre sa peine.
Qu'une chose, en effet, vienne à se poser tout à coup
sans qu'une autre la prépare et l'amène ; qu'une chose
se fasse d'elle-même sans avoir d'antécédent, c'est

un fait qui ne s'entend pas; et, si ce fait ne s'entend pas, il n'en faut pas chercher la raison dans les lois de l'esprit, mais dans les objets eux-mêmes. Quand je réfléchis à l'idée d'un être qui se fait, j'ai l'intuition très-réelle que cet être enveloppe une impuissance radicale à s'expliquer tout seul : je le trouve entaché d'une *insuffisance essentielle*; d'une insuffisance que je n'y mets pas, mais qui en est un caractère inséparable.

Ce n'est pas que cette sorte d'évidence ressemble aux autres. Elle est d'un ordre à part; mais pour être d'un ordre à part, elle n'en a pas moins une force irrésistible. Elle suffit à garantir qu'il y a dans la causation quelque chose de plus qu'une contrainte subjective, que l'on y trouve un lien qui tient aux choses. Elle suffit à montrer qu'en fin de compte le principe de causalité se ramène à l'analyse, qu'il est tout entier évident pour l'intelligence absolue, que, s'il ne l'est qu'en partie pour nous, le fait vient de la faiblesse de notre entendement. La logique de la réalité concrète est trop complexe pour que nous puissions en démêler tous les fils. Il y reste toujours du mystère.

Il y a dans la causalité un point par où elle se ramène à l'évidence et le fait tient à ce que le concept de commencement enveloppe directement l'idée d'une insuffisance essentielle, indirectement l'idée d'une cause. Cet enveloppement indirect est le propre de toute évidence logique. L'idée déduite est extérieure à l'idée dont on déduit; mais le lien par lequel on déduit, lui est intérieur. En d'autres termes, le conséquent reste en dehors de son principe, mais la conséquence s'y trouve enfermée. Quand je dis que le triangle implique trois angles et que ces trois angles sont égaux à deux droits, je signifie simplement qu'un triangle ne peut exister qu'il n'ait trois angles, que ces trois angles ne peuvent exister qu'ils ne soient égaux à deux droits. J'exprime que l'intersection de trois lignes qui se coupent, que les trois angles formés par ces lignes sont deux choses essentiellement incomplètes; non pas que je ne puisse les concevoir en elles-mêmes, mais je n'en acquiers point une connaissance adéquate que je n'y découvre par là-même une répugnance à ce qu'elles existent toutes seules. Il y a dans certaines propriétés, par suite dans certaines idées, une sorte de manque d'être, une exigence essentielle en vertu de laquelle elles ne peuvent exister, si d'autres choses n'existent aussi. Et c'est en cela que consiste la nécessité de *rapport*.

Ainsi, la nécessité d'inhérence et la nécessité causale, auxquelles nous avons déjà ramené toutes les liaisons apodictiques d'idées, se ramènent elles-mêmes à un seul type. L'une et l'autre sont analytiques; l'une et l'autre consistent en ce qu'une chose ne puisse être sans qu'une autre soit. Toute nécessité tient au fond même de l'idée, est un élément de l'idée.

IV

La question conduite à ce point est résolue par le fait. Si la nécessité de rapport est quelque chose de l'idée, c'est l'intellect actif qui nous la découvre ; car, comme nous l'avons démontré, c'est l'intellect actif qui nous découvre l'idée et toutes ses faces. Ainsi, je m'élève d'abord par la force native de mon esprit aux concepts de ligne droite, d'être parfait, de commencement. Et ces concepts une fois acquis, j'y vois par là-même une *impuissance essentielle* à former un tout complet. Une droite ne peut être qu'elle ne soit plus courte que toute autre ligne. Le parfait ne peut être qu'il ne possède d'une certaine façon tout ce qu'il y a de positif dans la nature. Ce qui commence ne peut être qu'il n'y ait autre chose où il trouve sa raison explicative. Je vais de l'idée à ses conséquents par l'idée elle-même.

Mais ce point important demande d'autres explications, qu'il faut donner ici. Il y a des cas, où la conscience d'une idée suffit à nous révéler un certain nombre de ses dérivés. Par exemple, je ne puis voir l'intersection de deux lignes, sans comprendre par là-même qu'elle forme nécessairement des angles. Et ces cas sont plus ou moins nombreux suivant la force d'esprit dont chacun de nous se trouve naturellement doué. Un Newton découvre en un instant des horizons intellectuels qu'nn Papou ne soupçonnera jamais. De plus, comme l'a très-justement observé Maine de Biran, « l'intuition est comme une espèce de sens interne qui a besoin d'être exercé pour acquérir un certain degré de finesse [1]. » Un mathématicien de profession voit en un clin d'œil la solution de certains problèmes, que d'autres ne pourraient trouver qu'après une longue et pénible réflexion.

Mais ces intuitions immédiates ne portent pas très-loin, ordinairement du moins. La plupart des vérités qui forment le contenu de notre science sont le fruit de nos recherches. Il ne suffit pas d'avoir quelque connaissance d'un objet pour en voir les différentes propriétés. Et dès lors la question se pose de savoir comment notre intelligence passe de ce qu'elle sait à ce qu'elle ne sait pas encore. Où est le but qui la sollicite ? Et ce but entrevu, comment peut-elle l'atteindre ?

Remarquons que notre science commence par des idées incomplètes. Par le fait même, ces idées ont des points obscurs et voilà ce qui met notre âme en mouvement. Nous voulons voir clair en toutes choses et nous supposons qu'on peut de la nuit faire jaillir la lumière. A propos de l'empirisme, nous avons déjà vu que c'est la possibilité d'un caractère une ou plusieurs fois constaté, qui nons pousse à chercher si ce caractère ne se trouve pas réalisé d'autres fois

---

1. Fond de la Psych., Part. II, sect. II, sys. reflex. c. IV.

encore dans la nature, qui devient le point de départ de toutes les généralisations, par là-même de toutes les découvertes scientifiques. Il y a quelque chose d'analogue dans l'ordre des vérités déductives. Ce qui nous entraîne de la connaissance incomplète d'un objet à la recherche des propriétés qui s'en suivent, c'est une pure possibilité, la possibilité d'un lien logique dont nous ne savons encore rien de précis.

Mais là n'est pas toute la question. La possibilité d'un rapport une fois donnée, il faut trouver ce rapport. Le problème posé, il faut le résoudre. Comment notre intelligence y parvient-elle ? Surtout à l'aide d'une série plus ou moins longue de tâtonnements, qui nous donnent du lien cherché un sentiment de plus en plus juste, jusqu'à ce que nous en ayons la claire vue. Le hasard a son rôle même sur le domaine de la nécessité.

En mathématiques on a recours à certaines constructions ; mais ordinairement on ne tombe pas du premier coup sur celle qui convient au problème, et, quand on l'a trouvée, il faut encore une suite de tentatives plus ou moins heureuses, pour en faire jaillir la réponse qu'elle contient. Pythagore entrevoit qu'il doit y avoir une certaine relation entre le carré de le l'hypothénuse et les carrés des deux autres côtés. Il mène différentes lignes, trace mainte figure en s'éclairant des principes qu'elles lui suggèrent. C'est après une longue série de constructions et de consi-

dérations infructueuses, qu'il trouve enfin cette vérité
qui excita en lui de si vifs transports.

Les sciences naturelles contiennent aussi un certain nombre de règles générales, dont le but est
d'indiquer la marche à suivre. On observe d'abord
les cas qui diffèrent le plus et qui cependant présentent le caractère où l'on croit voir la cause du phénomène en question. Puis, on observe les cas qui se
ressemblent le plus et qui ne contiennent pas ce
caractère, et l'on arrive par cette méthode à des
approximations de plus en plus grandes. Mais ces
cas, il faut d'abord les trouver. Et souvent la nature
ne les présente pas d'elle-même ; il faut les produire
en la tourmentant, et là reparaît le hasard. De plus,
l'hypothèse dont on part peut être fausse ; le caractère où l'on place la cause du phénomène en vue,
peut ne pas le contenir de fait, et si cette déception
vient à se produire, tout est à reprendre.

Au seuil de la métaphysique, nous abandonne tout
procédé défini d'avance. L'objet de cette science n'a
pas de figure. Il ne se laisse ni voir des yeux du corps
ni soumettre à l'action de nos appareils. Il n'y a plus
dans la région du Noumène ni constructions ni tables
de Bacon. L'on y marche à l'aventure, livré à la
force de sa réflexion, dirigé tout au plus par un certain
flair du point d'où l'éclair doit venir ; et c'est l'une
des raisons pour lesquelles la philosophie n'est, pour
bon nombre de questions, qu'un tâtonnement éternel.
La science dont l'objet est à la fois le plus éloigné de

la conscience et le plus complexe, la science qui a
le plus besoin de méthode, est celle qui en manque
le plus.

Mais, quelle que soit la manière dont nous arrivons
à la nécessité, c'est toujours la même force qui nous
y conduit. C'est toujours l'intellect qui la pressent,
qui la circonvient et enfin la découvre. L'esprit ne
crée pas le lien logique, comme l'ont voulu certains
philosophes allemands. Il ne le tire pas non plus de
lui-même pour le mettre dans les objets, enrichissant
ainsi la nature d'un principe d'ordre et d'unité qui
lui manquerait. L'esprit ne fait qu'inventer le lien
logique. Mais aussi faut-il entendre la chose dans
toute la force du terme. La nécessité n'est pas à découvert dans le phénomène empirique comme l'une
de ses parties ou de ses propriétés. Elle tient à son
essence, c'est quelque chose d'abstrait. Il faut d'abord
avoir l'abstrait pour la saisir ; et tout n'est pas là. Il
y a des qualités concrètes que notre intelligence abstrait sans en pénétrer la nature. Telles sont la lumière,
la couleur, le son. Ces qualités ne contiennent pour
nous aucun rapport logique, aucune nécessité. Pour
atteindre la nécessité, il faut aller de l'abstrait à
l'essence de l'abstrait, comme nous le faisons toujours en mathématiques. Et ce pas une fois franchi, le
domaine des liaisons logiques est encore très-res-
treint. Ce n'est qu'à force de réflexion patiente et
méthodique, ce n'est que par une analyse de plus en
plus profonde d'une essence donnée, que nous parve-

nons à pénétrer les différentes conséquences qu'elle
enveloppe, de telle sorte que depuis l'intuition sensible du concret jusqu'aux idées les plus lointaines qui
dérivent de sa nature, tout résulte de l'action de l'intelligence. Ainsi, l'esprit humain n'est pas un être
mutilé qui ait besoin pour s'expliquer lui-même de je
ne sais quel principe d'emprunt. C'est de l'expérience
qu'il tire ses idées, dans l'expérience qu'il les perçoit
elles-mêmes et qu'il trouve leur enchaînement. La
science tout entière n'est que le produit de son activité native s'exerçant sur les données de l'expérience.

CONCLUSION

VALEUR FORMELLE, VALEUR RÉELLE,

FONDEMENT DE L'IDÉE

CONCLUSION

I

De la théorie de l'intellect actif dérivent des conséquences qu'il faut signaler.

Si nos analyses ont quelque fondement, les formes innées sont une sorte de superfétation, un groupe de parasites intellectuels dont l'observation désavoue la présence. En fait, l'universalité et la nécessité ne tiennent pas à la nature de l'entendement; elles découlent de l'idée. Ce sont des caractères de l'idée qui, non seulement pour nous, mais encore en soi, ne peuvent nullement s'en séparer, et l'idée elle-même n'est que la conscience d'une propriété ou d'une série de propriétés, prises à l'état nu. Dès lors, le problème de la connaissance revêt un nouvel aspect : nous sortons du *relativisme* intellectuel. Il n'est pas encore démontré que nos idées aient un prototype dans la nature. Il n'est pas démontré non plus que les objets que nous concevons soient véritablement possibles ; car la possibilité revient à la convenance

interne de tous les éléments qui constituent un être.
Or cette convenance nous échappe totalement dans
la plupart des cas, et quand nous la connaissons, ce
n'est jamais qu'en partie; nous voyons le rapport des
propriétés entre elles, et non celui des propriétés
à leur sujet. Telle est l'idée d'être parfait; tels sont
aussi les concepts mathématiques eux-mêmes. Il y
a quelque chose d'obscur jusque dans la partie la plus
claire du savoir. Mais, par le fait même que l'universalité et la nécessité tiennent à la nature des choses
que nous concevons, non à l'acte par lequel nous les
concevons, il se trouve établi qu'il n'existe rien, qu'il
n'existera jamais rien de contraire aux intuitions de
notre entendement.

On peut encore douter qu'il y ait des triangles dans
la réalité et même que le triangle soit totalement possible; mais, s'il se trouve quelque part un triangle, il
faut qu'il ait les propriétés que j'y vois et que ces
propriétés s'enchaînent comme je le vois. On peut
douter qu'il y ait commencement dans la nature et
même qu'un commencement quelconque soit possible; mais, si quelque chose vient à commencer, il
faut que cette chose trouve quelque part sa raison
explicative; elle exige une cause. On ne sait encore
si l'être absolu existe, si même il est possible; car
qui peut pénétrer le rapport des éléments qui le constituent? Mais, si de fait il existe un être absolu, il
faut qu'il soit tel que je le comprends. C'est l'harmonie éternelle et vivante de toutes les perfections. Et

il en est ainsi de tous les concepts où nous percevons réellement une liaison nécessaire. Cette liaison ne vient pas de l'esprit qui les forme, mais des propriétés qu'ils enveloppent ; il faut donc qu'elle se trouve toujours la même partout où se trouvent ces propriétés. Ainsi, c'est une erreur de soutenir avec Kant que les principes de la raison n'ont de valeur que pour nous, de croire avec Stuart Mill que, si nous ne concevons pas un cercle carré, c'est par ce que nous n'en avons jamais rencontré de tel ; c'est une erreur de penser avec Mansel que toute connaissance est nécessairement relative. Le fait est que les principes de la raison ne dépendent ni de l'intelligence qui les conçoit, ni du temps où ils se réalisent, ni du lieu qui en circonscrit l'application. Le fait est qu'ils ne sont autre chose que le rapport essentiel des objets que nous concevons. Partant, on ne peut y voir de simples lois municipales ; ce sont des lois universelles, des lois absolues. Quelle que soit la nature du monde réel, nous portons en nous-mêmes tout un monde idéal qui ne peut être que ce qu'il est, et ne peut se réaliser que dans l'ordre que notre entendement y voit.

II

On peut aller plus loin. Outre leur valeur formelle, nos idées ont une valeur empirique ; l'ordre des idées traduit l'ordre des intuitions sensibles, est conforme

12

au cours de la nature, telle qu'elle se manifeste à
notre conscience. Le mathématicien part d'une formule générale, la combine avec des formules également générales, passe par une longue série de rai-
sonnements, de simplifications, de transformations,
et, après cette excursion dans le ciel de l'abstrait,
loin de toute réalité, il aboutit à une équation qui est
l'expression de la réalité. On prévoit longtemps à
l'avance le jour et l'heure où Vénus passera devant
le soleil. Le Verrier remarque un point du ciel où la
loi d'attraction ne trouve pas son exacte application,
attribue ce trouble à l'action d'une planète ignorée,
calcule d'avance la masse et la distance de cette planète et découvre Neptune. A quoi tient ce rapport
des vues de l'esprit avec l'expérience?

Si l'idée n'a rien qui vienne de l'expérience, elle ne
peut servir à nous la faire connaître. Car ou bien
nous percevons dans le concret lui-même la nature
du concret ou non. Dans le premier cas, l'idée innée
est un rouage superflu. Dans le second, l'idée innée
ne nous manifeste rien qu'elle-même. La conscience
que nous en avons ne nous révèle pas plus la nature
du concret que la perception du blanc ne nous révèle
le rouge. L'idée et l'expérience sont dans l'innéisme
comme deux lignes parallèles : elles ne se rencontrent jamais. Il y a plus. Pourquoi veut-on que l'idée
ait une origine à part? Parce qu'elle est nécessaire et
qu'on croit la nécessité bannie de l'expérience ; mais,
si la nécessité est bannie de l'expérience, tout accord

prévu entre l'esprit et les choses devient radicalement
impossible. La science est frappée à sa base. On ne
prévoit, on ne peut prévoir qu'en vertu de l'enchaînement nécessaire des phénomènes empiriques. Faire
de l'idée un objet indépendant et parce qu'il n'y a
que du contingent dans l'expérience, c'est se con-
damner deux fois à l'impuissance d'expliquer le rapport de l'idée au réel.

Si l'idée ne vient de l'expérience qu'en partie, si
l'on en fait l'application d'une forme universelle et
nécessaire à une intuition sensible qui n'a rien par
elle-même que de particulier et de contingent, le résultat auquel on aboutit n'est guère plus heureux.
Tout d'abord, l'universalité et la nécessité ne peuvent
être innées. Elles dépendent l'une et l'autre de la nature, non de l'existence des objets ; elles sont choses
abstraites. Or l'abstrait ne se trouve pas tout fait dans
l'esprit, antérieurement à tout travail de l'esprit.
L'abstrait est essentiellement le produit de l'activité
mentale. Il paraît, il disparaît avec cette activité.
Aussi longtemps que l'entendement n'entre pas en
jeu, aussi longtemps que l'intelligence ne réagit pas,
il n'y a, il ne peut y avoir dans notre conscience que
du concret. Car notre conscience est tout entière vivante et partant tout entière concrète et, en tant que
totalement concrète, ne peut avoir que des modes de
la même nature, des impressions concrètes. De plus,
l'universalité et la nécessité dérivent de la nature
même des choses. C'est le cercle lui-même qui est

réalisable à l'infini, c'est le cercle qui ne peut pas ne
point envelopper toute la série des corollaires que les
géomètres savent y découvrir. Or, que l'universalité
et la nécessité aient une autre origine que le cercle
lui-même, qu'elles viennent de l'esprit s'ajouter au
cercle, cette figure n'aura jamais qu'une universalité
d'emprunt, qu'une nécessité d'emprunt ; l'union du
cercle avec ses caractères généraux dépendra de l'intelligence qui les conçoit, commencera et cessera avec
l'opération de cette intelligence, pourra ne pas être,
n'aura rien d'essentiel. Ce ne sera plus une dérivation, mais la simple contiguïté de deux concepts et
d'une sensation. L'innéisme des formes n'explique le
rapport de l'idée et de l'expérience qu'à condition
d'altérer essentiellement la vraie notion de l'universalité et de la nécessité et de méconnaître la source
dont elles découlent.

Si l'idée est étrangère à l'expérience, on ne peut
expliquer leur accord, si l'idée ne vient de l'expérience
que partiellement, on ne l'explique qu'en faisant
violence aux faits. Reste donc qu'elle en vienne tout
entière, qu'elle y soit enveloppée. Mais comment? Il
n'y a dans l'expérience à l'état brut que du particulier et du concret. L'idée ne s'y trouve pas toute
faite. Il faut donc que notre esprit soit doué d'une
certaine force, qui l'en dégage et la mette à nu. Et
telle est la conclusion à laquelle nous a conduit l'a-
nalyse de l'acte intellectuel. Nous avons constaté successivement que l'idée est le contenu de la donnée

empirique, que ce contenu ne s'y trouve pas à découvert, mais qu'il existe en nous une énergie inventrice
dont le propre est de la percevoir, que cette énergie
est toute la raison.

C'est donc la théorie de l'intellect actif, et cette théorie toute seule, qui nous met à même d'expliquer la
valeur empirique de nos idées, de voir le point où la
logique formelle se soude à la logique réelle, de comprendre pourquoi les faits obéissent en quelque sorte
aux prévisions de la pensée. C'est la théorie de l'intellect actif qui résout la question si souvent agitée
par les philosophes modernes : d'où vient que les lois
de la raison s'accordent avec les lois de la nature ?
Et si cette théorie tranche toute seule ce problème
capital, c'est parce qu'elle débarrasse l'esprit de toute
idée innée, de toute forme, c'est-à-dire de tout ce qui
peut l'entraver dans son essor vers la réalité, c'est
parce qu'elle fait de l'esprit une énergie dont la seule
loi est de trouver les lois des choses.

Ainsi, c'est au moyen âge qu'il faut revenir, lorsqu'il s'agit de la connaissance intellectuelle. Pour
retrouver l'idée dont on doit partir dans cette importante et délicate question, il faut retourner en arrière
et à travers plusieurs siècles, remonter à l'époque des
Albert le Grand, des Thomas d'Aquin, des Duns Scot,
et traiter par l'observation ce qu'ils n'ont guère fait
que déduire. Toute autre voie mène à des impasses
où l'esprit se travaille en vain.

Ce n'est pas que les modernes n'aient à se glorifier

de leurs recherches. Un travail universel, ardent et
tenace, comme celui qui se poursuit depuis trois siècles sur le domaine de la psychologie, n'a pu demeu-
rer stérile. De Galilée à nos jours, la science a ses
découvertes et ces découvertes sont prodigieuses. De
Descartes à nos jours, la philosophie a aussi les sien-
nes. Les tentatives que fait Berkeley pour démontrer
qu'il n'y a pas de matière, aboutissent à d'heureuses
trouvailles. Elles précisent le rapport du sujet à l'objet. L'analyse du principe de causalité par David
Hume, les études de Kant sur l'unité de la conscience
humaine, sur la manière dont l'esprit perçoit le monde
extérieur et se saisit lui-même, sur les obstacles qui
s'élèvent entre la pensée et la substance, sur la réalité
des représentations mentales, nombre d'autres efforts
du même genre faits par d'autres philosophes, sont
autant de pas en avant, autant de découvertes dans le
ciel de l'âme dont il faudra toujours tenir compte,
lorsqu'on abordera les sujets qu'elles concernent.
Mais il nous semble qu'on eût cherché avec plus de
bonheur, si l'on avait moins radicalement rompu
avec tout un passé de méditations philosophiques, si
l'on s'était contenté d'ajouter aux données de la tra-
dition, au lieu de les rejeter.

La France est le pays des changements brusques.
Toute évolution y tourne presque fatalement à la ré-
volution. Ce n'est pas par patience et longueur de
temps, c'est par éruptions violentes que se sont transformés la langue, le théâtre, l'organisation sociale de

notre pays. Au xvie siècle on observe, à la lumière de la littérature ancienne, que notre langue a des lacunes, et voilà Ronsard qui vient en français parler grec et latin. Notre vieil idiome disparaît avec ses fraîches et naïves beautés sous une couche épaisse d'expressions et de locutions étrangères. Chez nous, comme chez les Grecs, le théâtre était né de la religion, et bien qu'encore hésitant dans sa voie et sujet à des écarts, il s'était élevé dans le drame aux plus nobles accents, il avait en comédie donné des preuves indiscutables de la plus riche verve. Mais on a lu Sophocle, Plaute et Térence, il faut dès lors que tout ce qu'on a fait jusques-là tombe dans l'oubli. Adieu les confrères de la Passion et les enfants de la Basoche; on étouffe à leur début les inspirations du génie national et l'on nous impose un théâtre d'emprunt. En politique, même manie de tout détruire pour tout refaire à nouveau. Il y a des abus et ces abus sont graves. Donc il faut que le régime qui les a produits, soit rasé. Il faut que tout un corps d'institutions qui ont coûté à la France douze siècles d'essais douloureux, tombe tout à coup sans laisser de trace, et l'on improvise une machine sociale, dont les rouages mal adaptés, produisent encore un grincement terrible après cent ans de retouches. C'est dans ce même esprit que se fait au xviie siècle la réforme philosophique. Le progrès des idées et des idées les plus éloignées de la vie réelle ne peut non plus que le reste échapper à tout excès. Descartes paraît et juge

que jusqu'à lui on n'a rien dit qui vaille. Depuis sept
mille ans qu'il y a des hommes et qui pensent, la philosophie est encore à fonder. Et de fait, on doit le reconnaître, il met dans une plus vive lumière le point
dont il faudra désormais partir et qui est le *sujet*.
Mais, en même temps, parce qu'il ne veut pas regarder en arrière et chercher si l'on a déjà trouvé quelque chose de bon, parce qu'il n'a de confiance qu'en
son génie, il omet dans sa théorie de la raison ce qui
fait la raison elle-même, l'activité, et se voit contraint
par la logique à rejeter en dehors de la nature tout ce
qui est marqué au double coin de l'universalité et
de la nécessité, à fonder en Dieu l'édifice entier de la
connaissance rationnelle. La conséquence, c'est que
l'esprit humain se trouve divisé en deux comparti-
ments qui n'ont entre eux d'autre rapport que leur
contiguïté ; et en voilà pour deux siècles de labeurs,
de tourments intellectuels où l'on perdra sa peine ;
Car on est engagé dans un passage qui n'a pas d'issue.
Désormais, il y a d'une part les lois de l'esprit, de
l'autre les lois des choses. Et comment ces deux ordres de rapports peuvent-ils s'harmoniser entre eux ?
C'est un problème qui n'a pas de solution.

III

Mais revenons à notre déduction. La théorie de
l'intellect actif ne nous permet pas seulement de pré-

ciser la valeur formelle et la valeur réelle ou empirique de nos idées ; elle nous éclaire aussi sur leur fondement.

Si l'on fait de l'intelligence une faculté passive, il
n'y a plus sur cette importante question qu'une manière de raisonner et qui est la suivante.

Un fait qu'il faut bien reconnaître, quand on re-
nonce à la rêverie pour s'observer soi-même, c'est que
l'idée n'est ni au-dessus ni à côté du phénomène empirique, mais qu'elle en est l'intérieur. L'idée forme
de quelque manière le contenu de la réalité, telle que
nos sens nous la révèlent. L'idée du blanc en dehors
de toute chose blanche, n'est qu'un mot. L'idée du
mouvement en dehors de tout mouvement, n'est encore qu'un mot. Et il en va de même de tout ce que
nous concevons. D'autre part, il n'est pas moins certain que si l'idée ne résulte pas d'une certaine élaboration mentale, que si le rôle de l'intelligence se borne
à la recevoir, elle se trouve dans la réalité telle que
nous la voyons, c'est-à-dire à l'état séparé. La même
idée qui est le mode de notre esprit, ce que tout le
monde appelle l'abstrait, est partie et partie réelle du
concret, fait le fond des choses.

De plus, l'idée, comme nous l'avons vu, est essentiellement universelle et son universalité consiste en
ce qu'elle reste numériquement la même pour tous les
êtres dont nous l'affirmons. Il n'y a pas plusieurs idées
du cercle, plusieurs idées de la volition, plusieurs
idées de la lumière ou du son. Autrement l'on ne

pourrait rien définir. Partant, il faut que toute essence, que toute propriété, que toute division logique
de la réalité, soit identique chez chacun des individus
où nous les concevons. Il n'y a qu'une humanité pour
tous les hommes, qu'une animalité pour tous les animaux. Ce qui fait la nature d'une plante est une même
chose chez toutes les plantes; ce qui fait la nature
d'un minéral est la même chose chez tous les miné-
raux. Les individualités les plus différentes ont un
point par lequel elles s'identifient et qui est l'être.
Non seulement l'idée fait le fond des choses; mais
ce fond est un. Les objets qui forment pour nous le
spectacle de l'univers, sont des modifications d'une
même étoffe, des aspects divers d'une même réalité.

Il faut avancer encore, si l'on veut suivre jusqu'au
bout la chaîne de la logique. L'idée n'est pas seulement universelle; elle est aussi nécessaire et double-
ment, nécessaire dans la connexion des propriétés
qu'elle enveloppe, nécessaire en elle-même. On ne
peut concevoir qu'une idée cesse un seul instant d'ê-
tre possible, et puisque, dans l'hypothèse où nous
raisonnons, le possible devient le concret, on ne peut
concevoir qu'une idée cesse un seul instant d'exister.
Le monde est l'être nécessaire ou du moins une face de
cet être. Inutile de recourir à des distinctions et d'inventer pour le besoin de la cause que l'idée n'est qu'une
imitation mentale; tout au plus une impression subjective de l'être nécessaire; car la nécessité que nous
y voyons, ne lui vient pas du dehors; elle tient à son

essence. Or ce qui est nécessaire de sa nature ne se
crée pas, ne s imite pas, ne peut être copie ou image.

Ce n'est pas tout. Cette partie de notre esprit qui
perçoit l'idée, la conscience intellectuelle, ne fait pas
exception aux lois des choses. Son essence est une
chez tous les individus. Il n'y a qu'une seule et même
raison pour tous les hommes, pour tous les êtres rai-
sonnables, et cette raison est éternelle comme le
monde qu'elle contemple.

Au-delà de l'horizon qu'embrasse l'intelligence humaine, de l'autre côté de l'idéal immuable auquel elle
demeure essentiellement suspendue, y a-t-il une autre intelligence qui, elle aussi, voit ce que nous voyons,
mais qui, plus large et plus puissante, enferme et
pénètre tout d'un seul regard? Le fait est possible ;
car à l'essence des choses s'ajoutent certaines conditions qui font l'individu et ces conditions peuvent, en un point de la nature, favoriser à l'indéfini le
développement de la raison et l'élever à la connaissance adéquate de tout ce qui est ou peut être. Mais,
s'il existe un tel entendement, il ne diffère pas radicalement du nôtre. Il est plus grand, mais de la même
famille que le nôtre, car il n'y a qu'une raison. Nous
sommes Dieu par le fond de notre esprit.

Telle est la conclusion inévitable, si l'on ne fait de
l'intelligence une force active. La distinction de l'abstrait et du concret s'évanouit et l'on va tout droit au
monisme. La substance du monde devient une hiérarchie d'idées éternelles, possédées par une conscience

également éternelle. Et c'est la pensée qui poursuivait Platon, lorsqu'il établissait d'une part que l'idée ne peut changer et de l'autre que l'âme qui la contemple est un principe, n'a pas de commencement. C'est ce ce qui faisait croire à Leibnitz que nous pensons toujours de quelque manière. C'est tout le système de Hegel au sens duquel le monde est une logique qui se développe sous la trame mobile des phénomènes.

Mais tout change de face, si l'on a recours à l'activité de l'intelligence, si l'on fait de l'entendement une puissance d'analyse dont le propre est de former l'abstrait. Cette facile et captivante métaphysique de l'idéalisme s'évanouit alors comme un beau songe.

Il est bien vrai que ce qui me fait homme se trouve en moi-même aussi bien que ce qui me fait tel homme. L'essence est tout entière dans chaque être; elle y est avec ses propriétés et le rapport de ses propriétés ; mais elle ne s'y trouve pas, comme la partie d'un tout, comme un fragment de sensation, à l'état séparé, à l'état abstrait. Tout existe dans les individus que je connais, tout vit dans l'acte par lequel je les connais, ma conscience rationnelle est concrète au même titre que ma conscience empirique. Il n'y a que du concret dans chaque sujet et dans chaque objet. L'essence s'y trouve à l'état physique; c'est elle-même qui existe, et tout entière. L'abstrait en est absent. L'abstrait ne fait son apparition que lorsque l'intelligence se met en jeu. Il naît et finit avec son acte comme la lumière du jour avec le soleil. Il en est le produit essentiel,

et ce produit n'est pas une altération de la réalité.
Après comme avant l'opération de mon intelligence,
il n'y a dans la réalité que du concret. La multiplicité ne se fait que dans mon esprit. L'essence à l'état
pur n'existe que pour et par mon esprit. Ma conscience rationnelle agit à la façon d'un géomètre qui
suppose un cercle tracé sur un tableau intact de tous
points. La courbe idéale qu'il décrit dans sa pensée
ne sépare rien en fait et la portion de l'espace qui s'y
trouve enfermée, ne cesse pas, pour être vue à part,
de se rattacher à son tout.

Tout est concret dans l'expérience à l'état brut.
Tout y existe au même titre. Il faut donc que tout y
soit également particulier. Le fait de l'existence est
incommunicable; le fait de l'existence est inimita-
ble. On n'imite pas un objet en tant qu'il existe, mais
en tant qu'il a telles propriétés, en tant qu'il est une
essence perçue par l'esprit. Il n'y a que de l'individuel dans l'individu, et l'universel n'existe que dans
la pensée. C'est d'ailleurs ce qu'on peut voir sous un
autre jour, si l'on prend la question par un autre côté.
L'universalité se rattache à l'essence abstraite, n'est
que l'aptitude inaliénable d'une propriété ou d'un
groupe de propriétés considérées en soi à se réaliser
indéfiniment. L'universalité est donc, au même titre
que l'essence abstraite, un produit de l'activité mentale. L'intelligence tire l'abstrait du concret et de
l'abstrait l'universel. De plus, l'universel, une fois
dans la conscience, n'en descend pas pour entrer

dans les individus dont nous l'affirmons ou pouvons l'affirmer. L'esprit qui le produit en lui-même ne le peut faire passer de lui-même au dehors. Car son être, étant le mode d'une conscience déterminée, ne se prête pas. L'universel n'est qu'une sorte de type mental qui, par le fait même qu'on en considère les propriétés à l'exclusion de tout le reste, peut servir d'exemplaire à une série indéfinie d'individus. Un artiste qui réalise le modèle qu'il a rêvé, ne met rien dans le marbre ou sur la toile de l'être de sa pensée. Entre son idéal et son œuvre, il n'y a que similitude. Tel est le rapport de l'universel aux individus réels dont nous le tirons, aux individus possibles auxquels il s'étend. Il s'imite, mais ne se communique pas.

Ainsi l'universel, de quelque manière qu'on l'envisage, ne peut exister que sous le regard de la conscience. Et cependant il n'est ni un mode inné de l'entendement ni un vain mot. L'esprit le forme de l'étoffe que lui fournit l'expérience.

Dès lors et du même coup, la lumière se fait sur plusieurs points à la fois. D'abord, chaque individu a son essence à lui. Entre les réalités concrètes il n'existe rien d'identique; il n'existe que du semblable. De plus, on voit en quel sens l'idée est une pour tous les êtres qu'elle signifie, en quel sens elle est multiple. Je n'ai qu'une seule et même idée du cercle. Il me suffit de concevoir le cercle une bonne fois, pour y voir qu'il est réalisable dans tous les temps et tous les lieux; autant de fois qu'on le vou-

dra. Mais on ne peut dire en aucune manière que
l'idée du cercle qu'a Pierre ou Jean soit identique à
celle dont j'ai moi-même conscience. Que je considère
cette idée en tant que mode de mon sujet, ou
bien en tant que représentative d'une chose différente
de mon sujet, elle est toujours mon acte et partant
n'appartient qu'à moi. En d'autres termes, il n'y
a qu'une idée d'une seule chose chez un seul individu :
il y a plusieurs idées d'une seule chose chez
plusieurs individus. Enfin, la même notion de l'universel
nous éclaire sur la difficulté que les réalistes
du moyen âge élevaient contre l'individualité de la
raison : si l'idée est universelle, disaient-ils, ne faut-il
pas que la conscience qu'elle informe le soit aussi?
En fait, l'universalité ne consiste pas en ce qu'une
idée se trouve dans plusieurs individus, mais en ce
qu'elle puisse leur servir d'original ; et l'idée elle-même
n'est autre chose que le concret moins l'existence,
incomplètement perçu : de telle sorte que, si
l'idée ne peut apparaître sans l'activité de la conscience,
elle peut du moins devenir mode de la conscience.

Si de l'universalité on passe à la nécessité, la logique
de l'idéalisme subit de même une profonde rupture.
Dire qu'une idée est universelle, c'est dire
qu'elle est réalisable à l'infini, dans tous les temps et
tous les lieux, qu'elle est éternellement possible,
qu'elle ne peut pas ne pas l'être : il y a une sorte de
nécessité qui dérive de l'universel, et celle-là est

au même titre que l'universel le produit essentiel
d'une élaboration mentale : sa matière vient de l'expérience, mais elle se forme et reste dans l'esprit. Il
existe un autre genre de nécessité, qui est la manière dont les idées s'enchaînent et, sur ce point, le
rapport de l'idéal au réel est plus étroit ; mais
se réduit-il à l'identité comme dans la précédente
hypothèse ? Oui et non tout à la fois. Une sphère
donnée et un plan donné ne peuvent pas plus
avoir deux points de contact que la sphère et
le plan. Une équerre de charpentier, augmentée
d'une hypothénuse, enveloppe non-seulement les
propriétés du triangle rectangle, mais encore leur
connexion nécessaire. Entre un phénomène qui commence et la force qui le fait commencer il y a une
liaison tout aussi stricte qu'entre le concept de commencement et celui de cause. Une volition ne peut se
produire qu'il n'y ait une volonté qui la produise ;
toute nécessité de fait contient une nécessité d'essence. La nécessité *de rapport* se trouve dans les choses aussi bien que dans l'esprit ; mais, il importe de
l'observer, elle ne s'y trouve pas de la même manière.
Dans les choses, la nécessité est concrète, active,
physique ; elle se traduit par une résistance dont
nulle force ne saurait triompher. Impossible, par
exemple, de faire que deux corps, aussi longtemps qu'ils restent étendus, occupent le même
lieu. Dans l'esprit, la nécessité est à l'état abstrait, à
l'état logique. L'intelligence va la saisir en elle-même

au sein de la réalité et la considère à part, non plus
en tant qu'elle enveloppe le fait de l'existence, mais
en tant qu'elle est un simple rapport de propriétés.

Tout n'est pas là, il est vrai. Le rapport de l'abstrait
au concret défini, on se voit en présence d'un nouveau mystère. Qu'est-ce que ces deux nécessités, dont
l'une n'existe que dans l'esprit, dont l'autre existe à
la fois dans la nature et dans l'esprit? Où trouvent-
elles leur fondement? Mais en face de cette difficulté,
qui touche à la racine du problème de la connaissance,
la théorie de l'intellect actif ne nous fait pas défaut :
Elle a sa solution.

Observons d'abord avec Leibnitz que la nécessité
de rapport est tout hypothétique. Elle vient de ce
qu'un terme une fois posé, un autre terme s'en suit.
Un triangle étant donné, il faut bien que sa surface
soit égale au produit de sa base par la moitié de sa hauteur. Aussi longtemps que les corps resteront ce qu'ils
sont à l'heure actuelle, il faudra bien qu'ils s'attirent
en raison directe de leur masse et en raison inverse
du carré de leur distance. Supposé qu'il y ait un être
absolu, il faut qu'il enveloppe de quelque manière
toutes les perfections. Mais ces hypothèses supprimées,
leurs conséquences disparaissent du même coup. Le sujet n'étant plus, il n'y a plus d'attribut. Par conséquent,
le sujet lui-même implique-t-il une absolue nécessité? Là est le nœud de la question. En remontant la
série des propriétés qu'enferme une essence donnée,
on aboutit à un premier terme, d'où tous les autres

dépendent et qui ne dépend que de lui-même, et ce
premier terme est toujours supposable. il est éternellement possible, il ne peut pas ne pas l'être. La nécessité en fait le fond. Qu'est-ce que cette nécessité?
Où a-t-elle sa raison explicative? C'est ce qu'il faut
déterminer ; essayons de le faire.

D'après nos analyses, la nécessité intrinsèque de
l'idée ne se fonde pas sur un être distinct de l'idée et
portant en soi la raison de son existence. On n'en
peut faire un mode de la substance divine; car, dans
ce cas, l'idée n'aurait qu'une nécessité d'emprunt; or
tel n'est pas le fait; c'est de l'essence même de l'idée
que découle la nécessité que j'y vois. La nécessité intrinsèque de l'idée ne se fonde pas non plus sur l'esprit qui la pense; elle n'en est pas une forme innée ;
l'esprit ne fait que la découvrir. On ne peut dire avec
plus de droit que la nécessité de l'idée tient à la réalité concrète, prise à l'état brut; car cette réalité
n'a rien que d'individuel par elle-même. Or la nécessité dont il s'agit, n'est qu'un aspect de l'universel.
Reste donc une hypothèse, c'est que la nécessité intrinsèque de l'idée trouve dans l'idée même sa raison
explicative. Mais alors que devient-elle? Elle ne se suffit plus toute seule. Le fait de l'existence s'en trouvant
banni, elle ne peut être un principe de subsistance.
C'est de la lumière intermittente de l'entendement
que dépendent et sa formation et sa durée. Elle n'a et
ne peut avoir qu'un être logique. C'est ce qu'il y a au
monde de plus impuissant, de plus vide, de plus voi-

sin du néant. Il faut donc que, comme la nécessité de
rapport elle-même, elle soit imparfaite, relative, conditionnelle de quelque façon. Mais comment?

Pour le déterminer, il importe surtout d'être
précis. Quand on veut constater la nécessité d'une
idée, celle de l'idée de triangle, par exemple, on le
fait d'ordinaire sous cette forme. Le triangle a toujours été possible, il le sera toujours; il l'est partout
et à l'indéfini; il ne peut cesser de l'être. Supposez
qu'il n'y ait jamais eu de triangle dans la nature, qu'aucune intelligence n'en ait jamais conçu, le triangle
serait encore possible et ne pourrait pas ne pas l'être.
Écartons cette manière de dire; elle est défectueuse.
On y prête à tous les triangles existants et possibles
une seule et même essence, parce qu'on s'en fait une
seule et même idée; et c'est une illusion d'optique.
De fait, plusieurs triangles ne sont un que dans et
par l'esprit qui les pense. En réalité, chacun d'eux a
son essence à lui. Pour avoir une traduction rigoureuse de la vérité psychologique, il faut recourir à des
termes moins abstraits et s'exprimer à peu près
comme il suit. On a toujours pu faire un triangle;
on le pourra toujours; on peut faire un nombre indéfini de triangles. Il est impossible qu'on ne puisse
plus faire un triangle. Voilà, nous semble-t-il, le
vrai sens du problème et dès lors il s'éclaircit. D'où
vient en effet l'impossibilité de ne pouvoir plus faire
un triangle? De la possibilité d'en faire un. Qu'on
puisse faire un triangle A, on peut par là même

faire un second triangle A', un troisième triangle A".
On peut faire un nombre de triangles aussi grand
qu'on le voudra ; car la raison est toujours la-même.
La dix millième fois comme la première, on réalise
ce qui est réalisable. La nécessité de l'idée de triangle est donc conditionnelle au même titre que le
rapport de ses propriétés, et la condition dont elle
dépend, c'est sa possibilité. Rien n'est absolu dans
l'idée de triangle, si sa possibilité ne l'est pas. Toute la
question se réduit à savoir ce que renferme cette
dernière idée. Examinons-là donc à nouveau.

D'où vient qu'on peut faire un triangle? Ce n'est
pas de l'idée que j'ai de cette figure à l'heure actuelle
et sur laquelle je me fonde en parlant; car si je n'avais
pas cette idée, il est bien vrai que je ne pourrais plus
voir si l'on peut faire un triangle, mais on pourrait
encore en faire un. Ce n'est pas d'un triangle éternel,
subsistant par lui-même ou par quelque autre principe. Car, supposez qu'un tel triangle n'existe pas, on
peut également faire un triangle; et supposez qu'il
existe, il n'explique rien. En effet, pourquoi ce triangle enveloppe-t-il une convenance interne d'éléments, pourquoi est-il lui-même possible ? C'est toute
la difficulté, il faut donc que chaque triangle porte
en lui-même la raison de sa possibilité. Si l'on peut
faire un triangle, c'est que la matière se prête à la
formation d'une telle figure, c'est qu'il ne se trouve
pas d'obstacle essentiel à ce que trois lignes se coupent.

Mais à quoi tient qu'on peut faire des lignes ? Ou,

pour poser le problème sous une forme plus générale,
à quoi tient que les premiers éléments, que les parties
simples qui servent à constituer un sujet, sont possibles ? Là est le fond de la question et voici comment
on la peut résoudre. Si ces premiers éléments sont
éternels, ils ont dans leur être la raison de leur possibilité au même titre que la raison de leur existence.
S'ils sont au contraire l'œuvre d'une puissance intelli-
gente et libre qui les a faits de toutes pièces, d'où
vient que cette puissance les a conçus ? D'où vient
qu'elle les a réalisés ? De ce qu'elle n'a rencontré
d'obstacle ni à l'une ni à l'autre de ces opérations.
L'être en se posant, d'abord dans l'intelligence créatrice, puis dans la réalité, a prouvé deux fois et par le
fait qu'il n'impliquait pas de contradiction, qu'il en-
fermait une aptitude interne à l'existence. L'être en
se posant à deux reprises, a donné deux fois la raison
de sa possibilité.

Ainsi la nécessité de l'idée n'a pas la portée métaphysique qu'on lui attribue d'ordinaire. Elle ne nous
donne de l'infini qu'un vain simulacre. Tirée de la
nature par la force de l'esprit, elle nous laisse en
face de la nature et de l'esprit. Prise à l'état logique,
la nécessité de rapport est le produit de notre activité
mentale ; prise à l'état physique, elle fait partie des
individus eux-mêmes et n'a pas d'autre durée que la
leur. Quant à la nécessité interne, elle n'est qu'un
corollaire de l'abstrait. Mais ce n'est pas que nos opérations intellectuelles ne puissent d'une certaine ma-

nière nous élever jusqu'à la source première de toute
intelligence. D'une part, en effet, l'idée, en tant que
contenu logique, ne dépend point de la constitution
de notre entendement. Elle nous révèle dans une
certaine mesure la nature même des choses, leurs
propriétés et les rapports nécessaires de leurs propriétés. L'idée nous donne les lois de l'expérience.
D'autre part, elle suppose dans notre conscience une
énergie spéciale, dont le propre est de faire sans
cesse de nouvelles conquêtes sur l'inconnu, d'élargir
et de creuser à l'indéfini le champ de la science. Dès
lors, les dogmatistes peuvent se consoler. La métaphysique a son levier au fond de l'âme humaine. Si
l'analyse de l'idée ne nous jette pas d'emblée dans le
sein de l'absolu, si nous ne voyons pas Dieu, nous
avons un moyen de le trouver, l'activité de notre
intelligence.

Ajoutons une observation plus précise. Si la nécessité de nos idées ne nous élève pas jusqu'à Dieu,
il en va tout différemment de leur contigence, de leur
imperfection. Nos idées commencent et finissent; il
faut donc qu'il se trouve quelque part un être qui
n'a ni commencement ni fin et qui en est l'origine,
un être qui donne le branle au monde de la pensée,
comme au monde physique. Nos idées font partie
des mouvements cosmiques; la série en est nécessairement finie. Il faut donc qu'il existe une première conscience d'où elles dérivent toutes de quelque manière. Nos idées sont imparfaites à divers

titres, imparfaites parce qu'elles n'embrassent pas toute la réalité, imparfaites parce que nous ne les obtenons qu'une à une et avec effort. Il faut donc qu'il y ait une intelligence où se réunissent toutes les idées, qui les contemple pleinement et dans la plénitude de leur être ; car l'imparfait suppose le parfait, le moins bon le meilleur. Et nous voilà par une autre voie en face de l'infini ; nous remontons par le raisonnement jusqu'à la source éternelle de toute vérité.

TABLE DES MATIÈRES

——

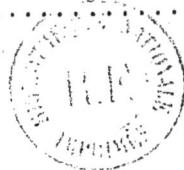

Le Puy. — Imprimerie Marchessou fils.

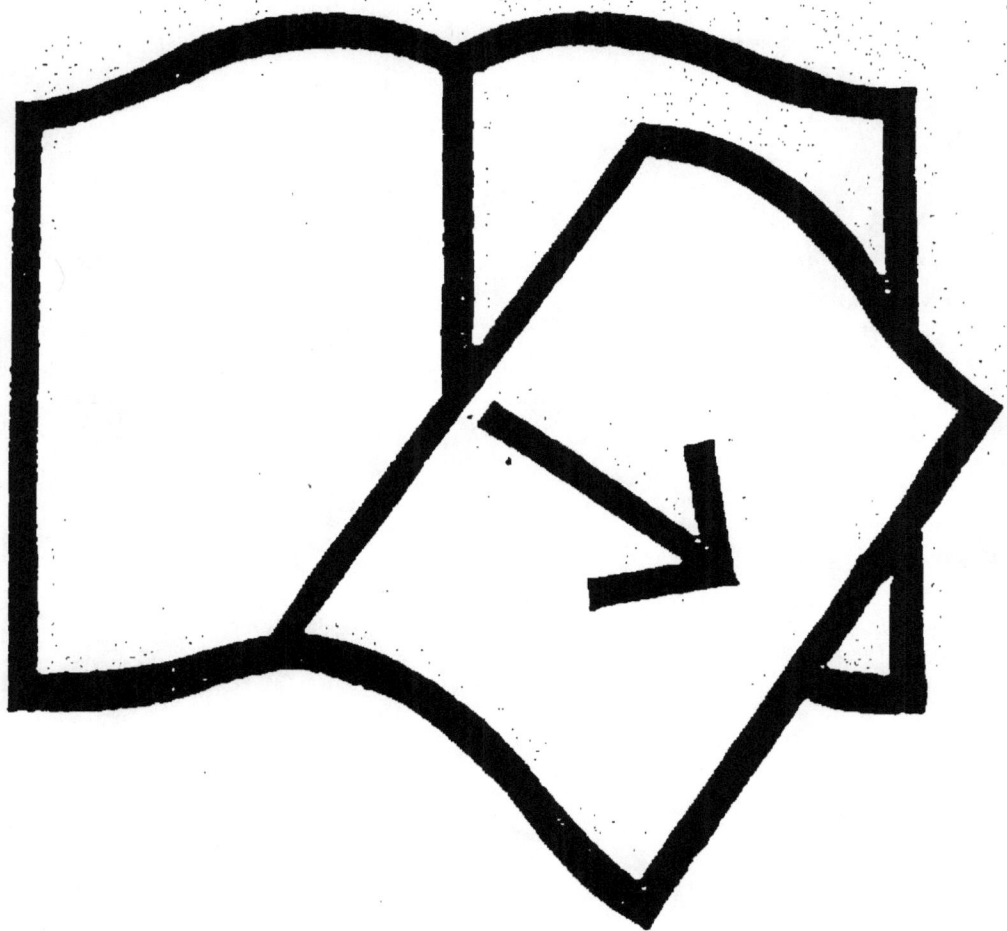

Documents manquants (pages, cahiers...)

NF Z 43-120-13